大是文化

台灣不教的中國近代史

中華民國為什麼是現在的樣子？

NHK文化中心·中國通史主講人 莊魯迅（ソウ·ロジン）◎著 劉宗德◎譯 | 一冊でつかめる！中国近現代史

推薦序　再打一場鴉片戰爭？

文／公孫策（歷史評論家）

這是一本寫給日本人看的中國近代史，作者自言「斗膽地將刺耳史實寫入書中」，其實，日本人覺得刺耳者少，中國人覺得刺耳的部分應該較多。

然而，歷史的眞相究竟如何，卻是永遠存在爭議的。尤其是近代史，即使當事人都已不在，「關係人」卻多得是，而且每個人都可以言之鑿鑿，甚至歷歷如繪。

基於這一點，我對作者最得意的「整理出罕爲大家所知、或還沒注意到的史實」並不十分在意，倒是對他的一些獨到的觀點與嗟歎，認爲甚有價值。

一般定義「中國近代史」是從鴉片戰爭開始，本書並不例外。可是作者卻特別提到了鄭和，並認爲鄭和的壯舉戛然而止，是中國自絕於世界之外的重要原因。

這是讀歷史的基本態度差異：若自鴉片戰爭談起，中國是一連串的屈辱歷史；若自鄭和談起，則是惕厲「上一波我們錯過了什麼」。

並不是要引前人的豐功偉業來提振民族自尊心，相反的，老是緬懷漢唐盛世，才正是走不出屈辱陰影的主要原因之一。

鄭和七次下西洋其實代表著「中國去敲世界的門」，明朝皇帝下令停止，並焚燬寶船，只是「中國不再去敲世界的門」。可是當「世界來敲中國的門」，中國卻回應得荒腔走板，才是陷入百年屈辱的原因。

作者另一個感想：鴉片戰爭驚醒的是日本，而非中國。同樣發人深省。

鴉片戰爭打敗了，並不可恥，可恥的是不知恥。知恥近乎勇，當時的中國不知恥，所以無勇可言。以此觀之，林則徐是不是英雄反而不那麼重要了。至少林則徐是有所警惕的，他發現中國以外的世界發生了掀天揭地的大變化，世界不一樣了，中國也不能置身巨變之外。於是他整理成《四洲志》一書，希望增加中國人對世界的認識。並且在他被流放新疆出發之前，將《四洲志》交給好友魏源，魏源後來據此完成了二百多卷的《海國圖志》。

魏源在中國近代史上的地位，遠不及日本近代史上的坂本龍馬，這才是我們今天重讀中國近代史應有的反省。說得再明白一點，日本明治維新時期青年人「仰望坂上之雲」（順著山坡〔坂〕上升的雲，用來指日本在明治維新時期奮發圖強，學習追趕西方列強，國力不斷增強的情景）的那種積極性，才是今日中國青年應該具備的。

當年是第一波全球化方興未艾之時，西方帝國主義挾船堅砲利敲開中國與日本的門戶。中國陷入百年屈辱，日本警醒而加速加入帝國主義——拋開民族情感的話，日本當年做的正是「加入贏者圈」。

如今是第二波全球化方興未艾之時，帝國主義戴著跨國財團的面具，以美元爲武器，在全世界肆意掠奪——遊戲本質其實沒變。日本的泡沫經濟破裂，陷入二十年低迷，有沒有驚醒中國？中國青年有沒有仰望坂上之雲的抱負？還是沉浸在追逐金錢之中？

我也講一句刺耳的話：**氾濫的美元正好比當年的鴉片！**如果中國的青年人不思國家之富強，徒以追逐金錢爲第一要務，那就準備好再打一場鴉片戰爭吧！

書名「台灣不教的中國近代史」，其實除了甲午戰爭那一段之外，跟台灣都是間接關係。然而，若暫且拋開政治包袱與歷史包袱，嚴肅看待箇中關係：中國如果再一次對全球化回應得荒腔走板，中國若再一次落入敗部，台灣又會如何？所以，回頭再看中國近代史，用現代人的觀點思考歷史的教訓，毋寧是一件積極的事情。

作者在書中敘述很多中國、日本、台灣都刻意不提的事情，就留待讀者自行咀嚼了。

導讀 跳出台灣觀點看歷史

文／周志宇（建國中學歷史教師）

中國近現代史一直是學生頭疼的部分，充滿了挫折、條約、割地、賠款、戰爭……，更重要的是，很多東西講不清楚。

隨著國內及兩岸的開放，有愈來愈多的限制被解除，有愈來愈多的東西被開放，只是，疑惑仍然沒有澄清。

學生到大陸交流參訪歸來後說，他們在參觀中國人民抗日戰爭紀念館的時候，發現中國篡改史實，將抗日的功勞都歸於中國共產黨。

「我們很憤怒地在留言簿上指責他們的做法。」學生義憤塡膺地說。

我當時很爲他們的行爲捏了把冷汗，慶幸他們沒有引發爭執或衝突。

解嚴之後的台北，大陸的出版品很容易取得，學生最疑惑的是歷史著作，海峽兩岸關於同樣一個歷史事件的說法，差異之大，彷彿描述的是兩個不同國家的歷史。如果事實只有一個，誰在說謊？

會不會雙方都沒有說謊，他們只是選擇了「對自己比較有利」，或者執政者認爲「自己的人民應該知道」的部分？

可是，「不完全」的歷史，還是可信的歷史嗎？

任何歷史的書寫都有其侷限性，或者受限於史料，或者受限於時代的大環境，或者受限於個人的價值觀念。也就是說，歷史基本上是一種「建構」，其中必然帶著撰述者的個人觀點。了解這一點，就可以知道，海峽兩岸，都選擇了一部分對本身有利的史料，以自身的意識形態爲基礎，建構自己的歷史陳述。要想擺脫這些現象，對兩岸來說，都還需要一些時間。

但莊魯迅先生這本作品，某種程度地跳脫出舊有的限制。這也許和他的特殊位置有關：一個在中國成長、目睹並親身經歷迫害，後來留學日本並從此在日本工作定居的中國人。中國人的背景讓他關注並思考近代中國興衰的原因，身受迫害的經歷讓他更深刻地描述並評價現代中國的災難，身在遠離故土卻又相距不遠的日本，則使他更能客觀地分析中國共產黨開國以來的權力鬥爭。

由於作者是大陸學者，所以書中沒有台灣，不過也因此可以跳脫出我們長久以來習慣的台灣觀點。作者以鴉片戰爭、太平天國、英法聯軍、甲午戰爭及清廷滅亡等五個主題為第一部的內容，對於清國為什麼失敗，他呈現出統治階層的貪腐與無能，民間的盲目和無知，也難得地呈現與中國主流不同的觀點，例如關於太平天國的陳述。

第一個部分的陳述與台灣一般的認知相去不遠，辛亥革命之後的歷史就有明顯的觀點差異了。孫文何以會聯俄容共？蔣介石「清黨」的原因為何？西安政變中發生了什麼事？中原大戰的眞相如何？兩萬五千里，是「長征」還是「流竄」？是誰打的八年抗戰？蔣介石是如何輸掉大陸的？國共三大戰役的經過如何？

第二個部分其實是台灣讀者最有興趣的部分，看完這些，雖然不見得能夠徹底了解，至少可以更清楚以往的歷史作品所不願或不能討論的東西。

其實作者的第三部寫得最「動人」，這應該是因為其中非常大的一部分，是他的親身經歷，九、十兩章寫得簡要而清楚，作者多處使用第一人稱表述當事人的想法，更像小說而非歷史著作，但卻更能使讀者進入情境，我們幾乎可以感受到鬥爭現場。與教科書上描述的「三面紅旗」、「三反五反」、「雙百運動」等乾枯的名詞相較，這種文字的力量更大。

沒有一本歷史著作能夠完整且客觀地交待曾經發生過的眞相，但經由不同角度的呈現，我們可以看到歷史的不同層面，事實上，當你開始質疑某些說法的時候，你已經開始建構自己的歷史解釋了。

目錄
CONTENTS

目錄
CONTENTS

第二部 革命爲什麼至今「尚未成功」？

目錄
CONTENTS

第三部 還在革什麼命、革誰的命？

目錄
CONTENTS

前　言　逆耳的眞相

本書是我近幾年在和光大學、ＮＨＫ文化中心、朝日文化中心等地講授的中國通史，其中一部分整理出來的結果。

對我的祖國中國來說，從鴉片戰爭迄今的一百七十年，是歷史少有多災多難的年代。因爲篇幅有限，很遺憾許多地方我無法說個痛快，但我已經將心力奉獻給這段浩瀚的歷史，努力在歷史的浮沉興衰中捕捉它的光與影。

從一九八八年我到日本留學，至今已經二十多年，日本已經成爲我的第二故鄉了。如今本書即將在日本出版，文筆雖拙，卻是我盡心盡力以日語寫成的。我整理出**至今罕爲大家所知、或還沒注意到的史實；也決定把對中國人或日本人、或雙方聽起來都覺得刺耳的部分，也斗膽地寫進本書當中**。

在此，我要感謝近來熱情關照我的活動、不斷給我支持的朋友們，也衷心盼望眞正的愛與和平能造訪我的祖國，以及對我而言一樣重要的日本。

第一部

中華民族加入世界的悲壯方式

序章　中英鴉片戰爭，驚醒日本

這是一場「自認是老大的古老帝國」與「新就位的世界老大」的衝突。

改變清朝命運的兩種植物

大約一百七十年前，一個人口約三億多、自詡擁有悠久的文化、自居為「天朝」的大國，僅僅因為兩種植物，就從根本撼動了這個國家。這個大國就是東亞的清廷；兩種植物則是茶葉和鴉片。

雖說是植物，但當中牽連的，卻是天文數字般的金錢，閃閃炫目的金幣、銀幣背後，潛藏著黑幕和危機。當貨幣流通的平衡遭到破壞時，就是衝突的開始，而跟中國起衝突的，是位在歐洲西北方、大不列顛群島的大英帝國。

一八四〇年六月，清廷企圖全面禁止進口與使用鴉片，卻和想方設法要把鴉片賣給中國的英國，展開了一番海上與陸地的戰爭，即「鴉片戰爭」。這場戰爭持續了兩年，結果清廷吞下敗仗不說，還在一八四二年八月被迫簽下史上第一個不平等條約。

清廷統治這麼多人口、幅員比英國廣闊數十倍，就軍事而言，也擁有八十八萬名官兵；相對來說，大英帝國在這場戰爭中最多只動員了兩萬人，清廷爲什麼會如此輕易地戰敗、屈服於日不落國呢？這個疑問，不管是誰都會想知道吧？我們就來細細探討當中眞正的原因！

外強中乾，五大內憂

首先，我們來看看鴉片戰爭前，清朝的經濟狀況。

清朝和歷朝歷代一樣，都是以農立國，主要產業是農業或家庭規模的手工業，而消費主力也是農民或手工業者本身，換句話說，就是自給自足的自然經濟*。自給自足在字面上看似很好，但從另一個角度來看，也可以說是「封閉」。

明朝初年有個名叫鄭和的宦官，自一四〇五年到一四三三年間，曾七度航海，造訪了西太平洋到印度洋之間的三十多個國家。這確實堪稱偉業，但是這番偉業就像劃過夜空的閃電般轉瞬即逝，之後就後繼無人了。之後中國不再探索外面的世界，就像一頭

「沉睡獅子」。換句話說，鴉片戰爭的前夕，清廷正在昏睡當中。

接著，我們來看看當時的社會問題。

首當其衝的問題就是人口激增。根據統計，乾隆六年（一七四一年）時的全國人口是一億四千三百四十一萬一千五百五十九人，但是到了嘉慶十六年（一八一一年）年，卻爆增到三億五千八百六十一萬零三十九人之多，和七十年前比起來，人口成長率竟然高達二．五倍。人口增加，農地自然會減少；耕地縮減的結果，就是農民失去生計、淪爲流民。而當流民的數量爆增，自然會產生許多犯罪行爲，影響社會秩序。

第二個問題就是官僚腐敗，我們就舉個例子吧。乾隆皇帝的寵臣和珅，在乾隆駕崩的隔天，立刻被繼任者嘉慶皇帝關入大牢，罪名是貪汙和其他罄竹難書的罪狀。抄完和珅的家後，發現他的財產包含金銀、土地及不動產等，總計有八億兩之多，相當於清廷二十年的財政稅收。

和珅被捕後的第十天，在獄中被迫自盡，這起案件才得以塵埃落定。然而，這不過是冰山一角，官僚的腐敗早就蔓延到國政深處，盛世的表象一過去，內部的問題就會逐漸浮上檯面。

第三個問題就是軍隊腐化。清廷的軍隊多達八十八萬人，這個數字看起來確實很驚人，但實際的戰力又如何呢？清軍剛入關時是以剽悍聞名的，但是鴉片戰爭的前夕，據說騎兵不但沒有馬匹、水軍還不會游泳，戰鬥力可以說是極其低落。姑且不論戰鬥力，爲了養活這群數量龐大、又已經腐化的軍隊，政府每年必須耗費二千萬兩銀子，而二千萬兩已經占去財政歲入的一半。

第四個問題應該是最嚴重的，就是滿漢之間無法抹滅的種族歧見。滿人以少數民族之姿統治占全國人口比例九成的漢人，這種扭曲的統治體系，衍生出沾滿血腥的征服，以及控制言論思想的高壓統治，造成兩個民族之間紛爭不斷。

第五個問題就是各地民衆的反抗運動。我想，前四個問題的存在，本身就會引發民衆反抗，我們從白蓮教的異軍突起，就可見一斑。白蓮教是宋代興起的佛教團體，元朝開始擴大爲反政府的武裝運動，自清兵入關以來，因爲打著「反清復明」的旗幟，更是信徒大增。乾隆末期（一七六九年左右）反抗行動開始愈演愈烈，這波反抗行動所串連

＊自然經濟：也叫小農經濟，以家庭為主要的基本生產單位，生產規模相當小。通常產品的原料採集、生產乃至消費都是為了自產自用，不是為了積累資本再擴大生產，只有在產品過剩的情況下才會拿到市場上交換。在自然經濟中，農業往往與家庭手工業結合，形成所謂「男耕女織」的現象。

起來的人民超過二十萬人，戰火綿延湖北、四川、河南、陝西、甘肅各省，爲了撲滅白蓮教掀起的反抗怒火，朝廷十年間甚至耗費了白銀二億兩之多。

貿易當前鋒，武力作後盾

清廷面臨一連串問題的同時，對手英國卻因爲推動工業革命而帶來驚人的發展。十九世紀初，英國鋼鐵的年產量是一百三十九萬噸、煤炭是三千萬噸，這個數字是競爭對手法國、比利時以及普魯士三國產量總和的三倍。此外，從三分之二的勞動力都從事工業的情況看來，英國儼然已經成爲工業國家。

軍事方面，英國於一八一五年六月的滑鐵盧之役大敗宿敵法國後，終於成爲世界第一強國；在歐陸獲得勝利的同時，皇家海軍也因爲讓法國與西班牙的聯合艦隊全軍覆沒而聲名大噪，一八三〇年代已經擁有五百艘大小軍艦，在近代海戰中不斷派出艦隊出征。

緊接在英國之後，美國、法國、普魯士、俄羅斯等國的勢力也逐漸抬頭，他們的野心促使他們在世界的舞台上恣意拓展，無論是領土、政治、經濟或宗教，甚至是文化上的擴張。對各國而言，提升生產力之後的第一要務，就是開拓銷售產品的市場，而清廷恰是英國瞄準的絕佳銷售目標。

生意進不來，就派軍隊來

不過，英國並沒有爲了開拓市場，一開始就對清廷使用大砲。乾隆、嘉慶年間，他們曾數度企圖與清廷締結外交關係，乾隆五十八年（一七九三年），喬治．馬戛爾尼伯爵（George Macartney）乘著船，從英格蘭南岸的斯皮特黑德（Spithead）出發，以特使的身分前往北京，代表英國提出以下要求：

一、允許英國在北京設立使館，當然也歡迎清廷派駐大使到英國。
二、開放寧波、舟山、天津爲通商口岸。
三、訂定公表關稅條令，以免海關亂收雜費。
四、允許租借舟山附近的島嶼供英國商人休息、存貨。

這幾項要求，無論讀幾遍，都看不出有什麼值得非議的地方，清廷如果具備任何近代外交的觀念，以互設大使的方式做爲兩國談判交涉的契機，應該就能成功締結兩國之間的平等關係。

但乾隆卻不這麼認爲。過去前來中國的外國或異族，多半在文化或文明上相對弱勢，到中國來是爲了想學點東西回去，因此到「天朝」覲見中國天子，必須遵循「三跪九叩之禮」。所謂的「三跪九叩」，是指覲見天子時，必須向天子跪拜三次、叩頭九次的意思。

對於不知道世界正在蛻變的乾隆來說，英國也不能免俗。他便如同往例般，對馬戛爾尼特使存有這樣的期待，於是意外遭到馬戛爾尼拒絕後，除了導致談判破局，雙方甚至還關係決裂。嘉慶時代也不斷重複同樣的事情，造成清廷因爲自身的無知、自傲，失去了解世界、與外國建立正常外交關係的機會。

另一方面，英國經歷一連串的磋商失敗後，終於獲得結論——與清廷之間和平協商無望。直到鴉片戰爭後，輪到西方各國反過來，不給清廷任何平等對待的機會。時至今日，我個人對當時西方的殖民主義和帝國主義並沒有特別憤恨的感覺，而且就批判的史觀來看，某種程度上，清廷受到的屈辱，都是因爲自身的愚昧，只能說是咎由自取。

鴉片：英國國營販毒事業

接著，我們來看看當時中英貿易的實況吧。

英國最初只是爲了滿足紳士、淑女的優雅嗜好，所以向中國大量購買茶葉、瓷器和蠶絲，同時希望中國向他們購買英國製的羊毛與棉織品。然而，由於東西兩國之間的生活文化大相逕庭，使得英國的商品根本就不被接受，這不但傷了英國的雄心，還讓英國的錢不斷流向中國。

一七八一年到一七九〇年的十年間，中國光是對英國出口茶葉的金額就高達九千六百萬銀元（編按：指十五到十九世紀全球流通的銀鑄錢幣），反之英國對中國的出口總額只有一千六百萬銀元，換句話說，這數字還不到進口茶葉的六分之一，使得英國出現巨額的貿易赤字。

英國當然不能放任這筆龐大的貿易赤字不管，何況十八世紀後半葉，英國爲了阻止美國獨立，在新大陸發起一連串的苦戰，對英國的財政更是火上加油。優雅的紳士們爲了徹底解決經濟問題而焦躁不安，終於蛻變成怪物。想不出辦法的英國，最後的解決方法竟是向清廷走私鴉片這種毒品。

當時鴉片的主要產地是東南亞、土耳其和印度等地，其中最受歡迎的是印度的鴉片。一七五七年，英國剷除了宿敵法國在印度的勢力後，對印度進行殖民統治，同時也取得鴉片的專賣權。

中國稱鴉片爲「阿芙蓉」，並將極少量的鴉片視爲藥品進口，但隨著愈來愈多人吸食鴉片上癮，不但戕害人民健康，也使社會風紀日漸紊亂。清廷注意到這些弊病，自雍正年間（一七二三年至一七三五年）就屢次下達禁令，即使如此，由於鴉片龐大的商機利益，走私者根本就無視於這些禁令，除了賄賂海關官員，還大膽地在伶仃洋（珠江口外）附近利用「躉船」*進行武裝走私。

清廷對鴉片問題感到頭痛的同時，鴉片的走私量正以驚人的速度激增。十八世紀初，中國一年只進口二百箱鴉片；一八二〇年至一八二四年的五年之間，竟然增加到一年七千八百箱；到了鴉片戰爭前的一八三八年，則已經多達三萬五千五百箱的年進口量。總計戰事發生前的四十年中，運到中國的鴉片約有四十二萬七千箱。

根據一八三五年的統計，中國吸食鴉片的人口已經超過二百萬人。因此，一八二一年到一八四〇年期間，平均每年從中國流出去的白銀超過五百萬兩，這個數字大約是清廷年收入的一〇％，也就是說，鴉片逆轉了雙方的貿易情勢，使得中國背上大筆貿易赤字。

白銀大量流失，造成中國白銀存量減少，結果銀價飆漲，連帶影響到銅錢暴跌。以往一千銅錢即可兌換一兩白銀，轉眼就暴漲到要用一千六至二千銅錢才能兌換一兩白銀。當時中國主要的流通貨幣為銅錢，清廷卻規定對外貿易與人民納稅都必須使用銀兩，換句話說，百姓日常生活使用銅錢、納稅時卻必須將銅錢兌換為銀兩，因此實際上必須支付帳面稅金的一．六至二倍，所以受苦的終究還是老百姓；同時，銅錢暴跌會讓各省延遲上繳稅賦的時間，或是不得不減少上繳稅金，無形中也會造成清廷財政吃緊，難怪連清廷對此也會感到慌張。

虎門銷煙，林則徐「七戰全勝」？

一八三六年前後，清廷對於鴉片的買賣是否應該合法化，引發了兩派的爭論。弛禁派認為：「例禁愈嚴，流弊愈大，不如弛禁，令夷商將鴉片照藥材納稅，入關以後只准以貨易貨，不得用銀購買。公職人員、兵丁等不准吸食，民間販賣吸食者一概勿論。」也就是主張公職人員禁止吸食鴉片，但民間則不管制。

嚴禁派則主張：「例禁無效，乃因沿海官員受賄縱容。為徹底禁鴉片，藏匿吸食道具者死罪，除本犯官治罪外，其子孫不准考試。」也就是必須嚴懲所有吸食者，而官員

＊躉船：由於清廷不許在陸地上買賣鴉片，於是英商就把鴉片倉庫設在船上，名為「躉船」，停泊在伶仃洋（又稱零丁洋）至台灣的周邊海域，讓走私鴉片者接貨立券，憑券可在廣州取錢。

吸食鴉片除了死罪，連子孫都不准參加科考。

這兩派的爭論，最後是嚴禁派勝利。道光十八年（一八三八年）末，嘉慶的兒子道光頒布新的全國禁煙令，同時授命湖廣總督林則徐爲欽差大臣，率領廣東水師（海軍）禁煙。

欽差大臣是明朝設立的官職，到了清朝則負起保衛邊境的重責大任。以禁煙派大將而廣爲人知的林則徐是福建人，受命爲欽差大臣時年五十四歲，他在湖廣總督任內，就已經因爲取締鴉片成績斐然而聲名大噪。

他從北京出發，隔年三月十日抵達廣州，想要以迅雷不及掩耳的速度達成皇帝的使命。三月十六日，他向留駐廣州的英國人發出通告，要求他們無條件交出鴉片，並永遠不得把鴉片帶入中國。由於這些商人採取拖延戰術，林則徐於三月二十四日圍困內有三百五十人的外國商行，要求他們立刻放棄鴉片貿易。

當時英國的駐華商務總監是查理．義律（Charles Elliot），他在三月二十八日終於屈服，交出總數多達二萬零二百八十三箱、重量約一百一十八萬公斤的鴉片。然而，擅長外交手腕的義律也想出陰險的招數，向各國商人收購鴉片，而且不是以個人名義收購，而是以「大不列顛女王陛下政府」的名義，目的是將這個商業問題提升到國家層級，爲將來的衝突埋下伏筆。

另一方面，林則徐接到道光的諭令，自六月三日起在廣東虎門海邊銷毀鴉片，包括銷毀民間上繳的鴉片，一直銷毀到六月二十五日爲止，這段過程史稱「虎門銷煙」。

關於虎門銷煙還有許多的記載。林則徐挖了兩個面積約二千五百平方公尺的池子，爲了防止毒素滲透到土壤，還在池子底下鋪上石板，接著將鴉片全數倒入灌滿海水的池子裡，浸泡半天後再倒入石灰粉使水沸騰，等到鴉片完全溶解後，再配合退潮，讓銷毀的鴉片一滴不剩地流入大海。順帶一提，林則徐之所以設法杜絕鴉片滲透土壤，是爲了防止吸食者事後從土壤再萃取鴉片回來使用。

而英國這方面，義律一面向英國當局報告「虎門銷煙」的梗概，一面下令停止通商，還集結商人停泊在香港九龍的船上。就在雙方都想弄清楚對方接下來會出什麼招的時候，發生了一起讓雙方關係更加惡化的事件。

一八三九年六月二十日，九龍尖沙嘴的村民林維喜，被英國水兵毆打致死。爲了處理這件事，林則徐和義律不斷發生爭執。林則徐要求義律交出兇手，義律卻以他擁有領事裁判權爲由，拒絕了林則徐的要求。接著林則徐又以清廷和英國之間沒有締結正式的外交關係，表示義律沒有領事裁判權，斷然拒絕義律。

就在這樣的拉鋸戰中，長期累積的不解與憤恨終於爆發，雙方終於日漸失去原有的冷靜。從九月到十一月間，義律的船隊和林則徐率領的水師不斷發生小規模的衝突，年底時，林則徐上了「七戰全勝」的奏摺給道光皇帝。

遠在北京的道光看到奏摺後龍心大悅，草率地下令對英國實施封港。在當時，廣州港是康熙以來唯一對外開放貿易的通商口岸，這樣的封港行動等於向全世界宣布中國要全面鎖國。雖然目的是禁止鴉片進口，但這個決策根本就是和盼望正常貿易的英國商人爲敵。

事已至此，對英國來說，想要挽回買賣鴉片的損失、挫挫「天朝」的銳氣、打開巨大的市場，並達到推動自由通商的目的，就只剩下一個方法——使用武力。

英雄偉人的愚昧行爲

再說到林則徐，依照現代的說法，他身爲打擊毒品的先驅，其熱情與勇氣非常值得讚許。實際上，在中國，不管是主流史學家或是小學課本，一直都把他視爲民族英雄。此外，在國際上，一九八七年十二月召開的第四十二屆聯合國大會，也決議將虎門銷煙的翌日，也就是六月二十六日，定爲國際禁毒日（編按：台灣的禁煙節是六月三日）。這項做法也顯示，爲毒品氾濫所苦的聯合國，也認爲應該把林則徐與毒品搏鬥的勇氣與信念，視爲模範吧。

即便如此，我還是有一些疑惑。林則徐望著「虎門銷煙」冉冉飄向天空的白煙，不知道有沒有想過，現場銷毀的只是查禁沒收的鴉片，擁有二百萬吸食者的龐大市場還是存在，因爲鴉片而牟取暴利的商人，其欲望更不可能因此消失；再者，問題的本質不在於鴉片，而是衍生出龐大鴉片市場的腐敗清廷；而人民也會因爲即將到來的戰爭，陷入更大的苦難之中。

我壓根沒打算要責備這位歷史偉人，可是當我看到林則徐上奏的「七戰全勝」，就不得不注意他對情況的判斷實在太過天眞。義律的船艦和軍隊是用來保護英國的貿易，絕對不等於英國軍隊的全部實力。

此外，當廣州灣發生小規模的戰鬥時，林則徐儘管已經從美國商人口中得知英國的砲艇已經朝著中國開來，卻還是疏於注意這項情報。雖然他加強了廣州的防備，但他身爲欽差大臣，應該知道廣州以外的狹長海岸線，還是處於幾乎毫無防備的狀態。

即使如此，他還是以「七戰全勝」的報告來取悅道光皇帝，讓道光皇帝頒出封港這個輕率的命令，這不得不說是林則徐的責任。實際上，之後在廣州執行這道命令的，還是林則徐。

林則徐的貢獻：明治維新

林則徐畢竟是中國古老官制下的舊式文官，我們不該要求他具備超越時代的國際觀與戰略觀。然而，鴉片戰爭的戰敗讓他不得不打開雙眼，他猛然省悟自己對西洋事物的無知，主持翻譯了英國人慕瑞所著的《世界地理大全》，並整理成《四洲志》一書。

道光二十一年（一八四一年）六月，他受到清廷的責難被流放到新疆伊犁，但在出發之前，他把《四洲志》託付給好友魏源。魏源以本書為基礎，蒐集更多資料，最後完成長達二百多卷的《海國圖志》。

鴉片戰爭後，清廷戰敗的消息便化為一股巨大的力道，衝擊著日本群島。日本要怎麼做，才不會重蹈清廷的覆轍呢？幕末（指德川幕府的統治末期）有許多仁人志士，都在思考這個嚴肅的問題。《海國圖志》受到思想家佐久間象山與吉田松陰等人的重視與拜讀，對當時的政局及後來的明治維新影響很大。

至於「虎門銷煙」以及發生在廣州灣的小規模戰爭，沒多久就傳到英國，在國會掀起了一陣激烈的辯論。保守黨員威廉．格萊斯頓（William Ewart Gladstone）雖然對為了鴉片而打仗氣憤地認為「從來沒有這麼丟臉的戰爭」，但是在維多利亞女王的強勢主導下，國會還是於一八四〇年，以二百七十一票對二百六十二票的些微差距，通過了對中國的軍事行動。

沒多久，由十六艘軍艦、四艘武裝蒸氣輪船、二十八艘運輸艦、五百四十門大砲、兩萬士兵組成的東方遠征軍，就陸續從英國本土、南非的開普敦和印度，往廣州前進了。

第一章　不得不對貴國造成更深傷害

不平等條約中的「平等」：大家都可以來瓜分中國。

用二三九年份古董大砲對抗英軍

一八四〇年六月二十一日，英國艦隊抵達澳門近海，喬治·懿律（George Elliot，一譯爲喬治·義律，是查理·義律的堂兄）任英軍總司令，而副總司令也不令人意外，正是駐華商務總監查理·義律。

英軍雖然短暫地封鎖了珠江口，卻發現林則徐早就枕戈待旦等著他們，於是英軍艦隊朝北前進。對義律來說，林則徐確實是個可憎的對手，但最重要的不是跟他一決勝負，而是索賠鴉片被銷毀的損失、挫挫「天國」的銳氣，打開中國的龐大市場。

七月五日，英軍攻擊浙江舟山的戰略要地定海，雖說這裡是戰略要地，但清軍作夢也沒想到敵人會從海上進攻，所以聽到砲聲就嚇得一哄而散。英軍唯恐清軍埋伏，登陸時還小心翼翼，結果一見到壯觀的砲台上裝載的大砲，馬上哈哈大笑。

原來大砲上，以古樸的英文字母刻著「Richard Philip, 1601」幾個大字。也就是說，這些大砲是二百三十九年前、一個叫做理查．菲立普的人製作的，看到清軍還在使用這麼老舊的大砲，沒什麼好擔心的了，於是英軍在定海肆意地強取豪奪，並大喇喇地繼續北上。

就在守軍落荒而逃、敵軍不斷逼近之際，有一個人從空蕩蕩的縣衙朝著城北走去，就是定海知縣姚懷祥。姚懷祥無力退敵，只好投身城北的萬公潭自盡，以報效國家。萬公潭是已經滅亡的前朝——明末王室與保護王室的忠臣的埋葬地點，他是史上第一個死於鴉片戰爭的文官。

少爺道光加上爛軟欽差

八月十一日，英軍逼近天津的大沽口。大沽口位於天津東南六十公里處，是海河與渤海的交會處，自古以來就是北京和天津的「門戶」。順道一提，天津距離北京約一百五十公里，開車走高速公路約二小時就可以到達。英軍叩關清朝門戶，使得道光皇帝倍感威脅，也因此動搖了原本禁煙的決心。

稍微離題一下，這一年道光已經五十八歲，即位正好二十年，爲了改善窘迫的財政，他是個願意以身作則、要求自己和後宮后妃勤儉生活的皇帝，他的缺點是情緒不穩定，而且不善處理危機。尤其面對鴉片戰爭時，他那自幼在皇宮養尊處優的少爺性格，便一覽無遺——我的意思是，當他面對敵人，會突然變得願意妥協；等到敵人消失，又會回復原本強硬的態度。他這樣的性格至死都未曾改變，並且對清朝的國政，造成非常負面的影響。

於是當這樣的道光必須處理敵人逼近首都的問題時，立刻命令弛禁派的大臣、同時也是宗室成員的直隸總督琦善與英國人談和。英國提出自由通商和割讓島嶼的條件時，道光皇帝非常吃驚。

「英國船艦的火砲太厲害了，我們絕對沒有勝算。」就這樣，琦善一面倒的勸說奏效了，八月二十日，道光決定：「准許通商，其他條件等英軍撤回廣州以後再議。」

不光如此，爲了平息英國人的怒火，道光甚至答應將林則徐革職查辦，此時的道光一心只求英軍趕快從自己眼前消失，所謂的「其他條件再議」，不過是快點解決現況的權宜說法，他完全沒想過不履行承諾的話，又會掀起怎樣的波瀾。

確定英軍撤回廣州後，道光龍心大悅，嘉許琦善說：「琦善退敵不用砲火，單就這點，林則徐便遠遠不及。」事後道光授命他為欽差大臣，要他接替林則徐為兩廣總督，同時正式將林則徐免職，並於隔年六月流放新疆伊犁。

琦善赴任廣州時已是十一月底，他認為新官上任應該向英國人展現「誠意」，於是下令解散林則徐募得的民兵，甚至破壞林則徐任內築好的防禦設施。當時喬治．懿律生病歸國，所以代表英國談判的是查理．義律，他單刀直入，一口氣就要求了十四項條件，內容包括賠償鴉片的損失、開放通商口岸、割讓香港；此外還要求清廷賠償戰爭的軍費、重設關稅，以及讓英國享有治外法權。

這些條件讓琦善狼狽不堪，雖然他代表道光皇帝談判，但道光除了短短一句「見機行事」，沒有賦予其他決策權。「我現在唯一能做的，就是模糊說詞，以爭取時間了，然後也只能看皇上和義律哪一方會讓步了……」這大概就是夾在中間不得脫身的琦善，當時的心境吧。不過，雙方的談判條件傳回北京之後，道光皇帝依舊勃然大怒。

比數九：四〇〇，地主慘敗

大角、沙角砲台（即穿鼻砲台）被攻陷，以及《穿鼻草約》的內容，很快就傳入道光皇帝的耳裡，道光一怒之下終於在一月二十七日向英國宣戰。道光詔斥琦善「擅予香

鴉片戰爭時的英國艦隊

港」，甚至判他死刑，但沒有實際執行。諷刺的是，明明是道光自己搖擺不定，卻把過錯全推給前後兩任欽差大臣。

另一方面，英國政府四月底不但將義律撤職，也不承認《穿鼻草約》，據說是因爲英國對義律提出的條件不滿意。就這樣，林則徐、義律、琦善這三位鴉片戰爭初期的主角，都受到各自政府的咎責，而退出這場戰爭的舞台。

此時中英兩國都已經進入正式發動戰爭的狀態：清廷這方從各地徵召了一萬七千人的軍隊到廣州，負責指揮的是鑲藍旗的宗室大臣奕山以及湖南提督楊芳。然而，英國這方也沒有閒著，二月二十六日，義律決定先下手爲強，率領十八艘軍艦攻擊了虎門砲台。

死守虎門砲台的，是廣東水師提督關天培及其手下的四百名士兵，兩軍激烈的攻防戰一直持續至隔日下午，沒有援軍又身負重傷的關天培引爆僅剩的火藥，拉著一票敵軍一起壯烈犧牲了。這場戰役連敵方都感到動容，英國軍艦甚至鳴汽笛向關天培與屬下四百名士兵致哀。

然而，虎門被攻陷，也意味著英國艦隊可以大喇喇地駛入內河，換句話說，廣州的門戶已經完全洞開了。

至於廣州城內，因爲楊芳與奕山的軍隊進駐而十分混亂，軍隊人數明明高出敵軍不只數倍，但徵召來的士兵都是吸食鴉片成癮的中毒者，根本就不堪一擊。

五月二十二日，英軍以戰爭中損失九名官兵爲報復的理由，大破清軍不說，還讓整個廣州城都捲入這場風暴。失去鬥志的奕山不但向英軍高舉白旗，還簽下《廣州和約》。英軍獲賠六百萬銀元的「贖城費」（占領廣州後歸還清廷的代價）和三十萬銀元的軍費後，心滿意足地退回虎門之外，而賠償的金額，當然是從廣州居民的口袋裡壓榨出來。

道光不知道廣州城已經淪陷，得到奕山擊退英軍的假情報後龍心大悅；受夠了奕山的鬧劇、對英軍以勝利者的姿態大肆掠奪感到怒氣難平的，反而是廣州城的居民。五月二十九日，他們在廣州城北附近的三元里集結了一隻軍隊，叫做「平英團」，他們和英軍持續對峙到三十一日，參與的居民超過一萬人。

不過，奕山等官僚考慮到村民此舉，會破壞好不容易花了大把銀子換來的和平，只好向英軍致歉，並強迫當地居民解散平英團。這件事史稱「三元里抗英事件」，是中國史上第一次由民眾主動發起抵抗外敵。

不得不對貴國造成更深傷害

不過，《廣州和約》帶來短暫的和平馬上就破裂了，查理．義律於四月底被召回倫敦後，英國派亨利．璞鼎查（Henry Pottinger）來，全權代表英國跟清廷談判。不消說，這回為了讓中國屈服，英國一定會使出致命的一擊。

一八四一年八月，英國艦隊再度向北前進，同月二十六日攻陷廈門，到了十月，連浙江的定海、鎮海與寧波，都相繼落入英國手中了。

定海雖然是第二次被攻陷，但和上次不同，英軍遭遇非常頑強的抵抗。事實上，琦善和義律簽訂《穿鼻草約》後，英軍一度撤出定海，然而清廷發現英軍行徑有異，因此負責督辦浙江軍務的蒙古鑲黃旗大臣裕謙記取前一年被攻陷的教訓，下令調派五千人「死守」定海。

此次的攻防戰持續了六天，相對於英軍只有死傷四百多人，清廷這方包含三位總兵（正二品，官位僅次於提督的武官）在內都全軍覆沒了。裕謙防守鎮海失敗後自殺，兌現了他「城存與存」的誓言。

浙江三鎮被攻陷，使得紫禁城也陷入混亂當中。十月十八日，道光皇帝慌慌張張地發出第二次宣戰聲明，任命宗室成員的內閣大學士奕經為揚威將軍，率領三萬多名官兵向浙江出發。

然而，勝利女神一向不站在清廷這邊。隔年三月十日，奕經的軍隊才打了一仗就全軍覆沒，這次戰役甚至強烈地動搖了道光皇帝對中國的「天朝」觀念。對於只知道逃跑的軍隊，除了斥責他們「沒半點用」之外，也只能再派出宗室大臣耆英為欽差，前去談判求和了。

但是英國堅持強硬的姿態。「從貴國反反覆覆的態度看來，我不得不對貴國造成更深的傷害。」無論耆英把姿態擺得多低，璞鼎查也只回了這句話。

六月初，英方獲得印度援軍，使得英軍陣容擴大到兩萬人，於是他們趁勝攻破長江門戶的吳淞口，占領了寶山與上海，到了七月中時，竟然已經逼近鎮江。

英軍早就鎖定咽喉

鎮江城位於江蘇省中部、長江下流南岸，自古就是長江和大運河交會的港口，因此十分繁榮。英軍鎖定鎮江，正是因為這裡是「南糧北調」的咽喉。所謂的「南糧北調」，意思就是將肥沃的華南區的糧食，運往糧食不足的華北。若是斷了這條途徑，包括北京在內，整個廣大的華北就得為饑荒所苦，因此，鎮江的攻防戰是雙方一決勝負的決定性戰役。

七月十九日，英軍對鎮江發動猛烈的攻勢，雖然他們很快就登陸成功，清軍卻早就在城內嚴陣以待，讓英軍陷入苦戰。這回清軍的最高指揮官是滿州鑲白旗的副督統海齡，他率領一千六百名蒙古八旗兵埋伏在城垣、巷弄和屋頂，等著與敵軍短兵相接。英軍無論是人數或武器都更勝清軍一籌，即便如此，他們還是花了三天才攻下鎮江。二十一日，氣力已盡的海齡投入火海自盡，部屬也幾乎都戰死或自殺。

德國哲學家恩格斯（馬克思主義的創始人之一）後來在〈英人對華的新遠征〉一文中這樣描述這場戰役：「如果這些侵略者到處都遇到同樣的抵抗，他們絕對到不了南京。」恩格斯在字裡行間透露出對死守鎮江的清軍有多麼讚賞，不過筆者認為，鎮江一役也呈現出中國歷史複雜且沉痛的一面。

兩軍開戰之前，海齡對一同鞏固城內防禦的居民進行了嚴苛的檢查和肅清行動，使得許多無辜城民被陷入獄、甚至失去性命。這樣的行爲與其說是造成人民和英軍同仇敵愾，不如說是讓人民對滿清的統治產生新的怨恨。據說兩軍對戰時，許多城民加入英軍攻擊清軍的行列，許多人甚至趁亂跑到監牢救出親友。我們對這些人，又該如何評價呢？

中國從此淪爲半殖民地

鎮江淪陷，讓道光徹底地膽怯了。

「只能答應英國所有要求，別無他法了。」

一八四二年八月二十九日，清廷的談判代表耆英，朝著停泊在長江的英國軍艦康沃利斯號（HMS Cornwallis）出發。他不但在《南京條約》上蓋了印，也接受英國方面的全部要求。《南京條約》是中國史上第一個不平等條約，主要內容如下：

一、五口通商：開放廣州、福州、廈門、寧波、上海爲通商口岸，同時設置英國領事館，給予英國人及其家人居住權。

二、割讓香港：這事實上於前一年的一月二十六日即開始生效。

三、賠款：清廷分四年支付英國二千一百萬銀元的賠款（且不包含先前付的六百萬廣州城「贖城金」），賠款還清之前，部分英軍可以駐紮在浙江舟山。

四、關稅協定：進口關稅必須與英國協商後才能訂定（此條款代表清廷喪失了關稅自主權）。

《南京條約》爲持續了二年二個月的鴉片戰爭拉下終幕。然而，條約簽訂之後，英國還是繼續爲了如何履行條約，不斷跟清廷討價還價。隔年十月又追加了《虎門條約》，讓英國進一步取得了領事裁判權、片面最惠國待遇、通商口岸的借地權等三項特權；其中領事裁判權更是讓中國的司法權受到侮辱。

所謂的片面最惠國待遇，是指中國給予第三國任何優惠時，對英國也要比照辦理。此後列強心照不宣地相互引用這項條款，開啓了諸國向中國壓榨更多權益的惡例。而通商港岸的借地權，讓英國人得以在通商口岸借用中國土地蓋房子，開始形成租界，衍生出完全脫離中國管轄的「國中國」領地。

附加上述條款後，《虎門條約》使得中國的進、出口稅率一律降到五％，降到前所未有的低點，這對於向中國購買原料、銷售成品的英國來說極其有利；反之，清廷因爲這些條款，無論是政治、經濟或是文化等方面，都受到英國的箝制，只能淪爲喪失主權的半殖民國家。

南京條約，造就上海

美國和法國欣羡英國透過戰爭而獲得的利益，也伺機蠢動，而於一八四四年的七月至十月間，利用軟硬兼施的手段，跟中國簽訂了《望廈條約》和《黃埔條約》，內容幾乎與《南京條約》無異，而且除了通商口岸，連興建教會、醫院、墓地等也列入條約，某種程度上，可以說連「先驅」的英國也相形見拙。

接下來，道光皇帝恐怕連聽都沒聽過的西歐國家也蜂擁而至，一起吸取中國這顆飽滿果實的甜美汁液。包括奧匈帝國、比利時、普魯士、荷蘭、丹麥、瑞典、義大利、葡萄牙以及西班牙等國，都陸續與清廷簽訂條約，取得與英美法相同的待遇。

耆英對國際事務理解甚淺，因此當他代表清廷跟西方國家談判，被一群金髮碧眼的外國人包圍時，根本就對付不來。因此，這些條約與其說是分別見過各國大使後認眞討論的內容，不如說是根本拒絕不了、只好任列強宰割吧？至此，中國已經從自「覲見天子必須三跪九叩」、驕氣逼人的「天朝」，淪爲刀俎上任人宰割的魚肉了。

然而，這究竟是幸或不幸呢？清廷雖然遭到各國無理索求各種權益，但也拜這些不平等條約之賜，才能沒跟印度一樣淪爲英國的殖民地，因爲即便是號稱日不落國的大英帝國，也無法憑一己之力，推開這些唯利是圖、需索無度的西方諸國。

中國自古就是皇權專制的國家，卻因爲一連串的不平等條約，被迫成爲半殖民國家。遺憾的是，除了極少數的知識分子，當時的清朝尚未從沉睡中覺醒過來，導致日後還得遭遇更嚴重的災禍。

本章的最後，我想聊聊我的故鄉上海。五口通商後，廈門、福州、寧波等地因爲地理限制，繁榮程度不如預期，只有位於長江口的上海，迅速成爲繁華的國際大都市。這是因爲上海靠近當時最熱門的出口產品——絲與茶的產地，同時也位於國內南北海運的中間位置，可以說是占盡地利。因此，原先以廣州爲根據地的歐美商人競相到來上海開設洋行。十九世紀中，上海終於超越廣州，成爲全國最大的貿易港口。

開港後沒多久，列強相繼在黃埔江西岸設立租界，並巧立名目擴張租界範圍。公共租界有條主要幹道，就是以讓上海開港的《南京條約》而命名的，這條路甚至超越時空，至今仍吸引世界各地的人前往，它就是上海最繁華的道路之一——南京路。

第二章 太平天國裡沒有孔子的位子

不是中共說的「第一次農民革命」，而是新興宗教侵犯傳統文化。

洪秀全：天國近了——我成立的

鴉片戰爭的失敗，使得中國從乾隆末期以來潛藏的社會問題，一口氣全都浮上了檯面。在此之前，人民即便生活困苦，也深信自己是「天朝子民」。然而，面對外敵的侵略、政府的無能爲力，「天朝」的門面已經徹底崩潰，民眾對政府的不滿，開始蓄積成反政府的能量。太平天國之亂（一八五一年至一八六四年）便是因此爆發，與此同時，還發生了二次英法聯軍之役，內憂外患，讓國內萬民的生活，陷入水深火熱之中。

洪秀全

太平天國的創始者，是自稱「天王」的洪秀全，他出生於廣東花縣的農家，自幼熟讀儒家經典，村中父老都看好他會考取功名。不過，三十歲前的幾次科考都落榜，讓洪秀全大受打擊而大病一場。

在夢中，他看見一位黑衣老人給了他一把劍，說是奉上天的旨意，命他到人間來斬妖除魔。夢醒後，他認爲老人跟最近從《勸世良言》讀到的上帝形象幾乎一模一樣。從那天起，洪秀全就變了一個人。他拋開四書五經，爲自己受洗，與同鄉好友馮雲山一起組成「拜上帝會」。兩人在廣東、廣西傳教，拓展教會的影響力後，終於到了完成上帝親授「天命」的時候了。

一八五〇年，廣西接連遭遇旱災與蝗災，人民爲饑荒所苦，洪秀全見機不可失，於秋天集結了兩萬名信徒，擊敗前來圍剿的清軍，隔年舉行儀式告拜上帝，宣布成立太平天國。

太平軍雖然曾經短暫轉戰廣西、湖南，但在竄起的第四年——一八五三年三月十九日，策動一萬艘船隻、五十萬名士兵，成功攻入南京城。於是洪秀全將太平天國定都於南京，改名「天京」，與北京的清廷呈現南北對峙的態勢。

戰士夫婦分居，天王妻妾成群

太平天國的建國理念是：「大家共享土地、食物、金錢，如此一來，不平等、挨餓受凍，將從世界上消失。」這是歷代農民起義時，經常用來吸引貧窮民眾踴躍參與的口號。為了實現這樣的「理想社會」，洪秀全廢除了私有財產制、禁止婦女賣春與纏足，甚至在南京築起男營、女營，據傳這是為了最後的勝利、維持官兵高漲的戰鬥意志，於是命令全體士兵必須夫婦分居。

如果這只是戰時的規定，那也無話可說；抑或洪秀全能以身作則，就更感人了。但實際上，以天王洪秀全為首的領導階層不光是夫婦同住，甚至過著妻妾同房、荒淫糜爛的生活；就連洪秀全本身的行住坐臥，也從剛入南京時的草履徒步，漸漸變成金殿玉宇，出入還得勞動六十四人抬的大轎子。其左右手東王楊秀清和天王相較之下稍微保守一點，使用四十八人抬的大轎。

不僅如此，洪秀全還仿效歷代專制君主，不但自稱「萬歲」，還賜予東王以下的諸王「九千歲」至「五千歲」的稱呼。至此，洪秀全已經不再是上帝的使者、更不是什麼革命家，充其量不過是意圖推翻清廷的新一代專制君主罷了。

隨著時間的推移，戰況愈發激烈。一八五三年五月起，太平天國浩浩蕩蕩地派出北伐與西征部隊；北伐是爲了推翻清廷的統治，西征則是爲了掌握保衛天京的安徽、江西、湖北和湖南四省。

北伐部隊以步兵爲主，人數多達兩萬，不過他們孤軍深入敵境，在河北平原中了清軍的誘敵之計，遭遇蒙古騎兵團後全軍覆滅，這已經是北伐二年後的事了。相較之下，西征部隊幸運得多，兩年內成功地照計畫陸續征服了安徽的安慶、江西的九江、湖北的武昌，以及湖南的岳州等地。

此時戰況開始陷入膠著，太平軍無力北上顚覆清廷，而清廷儘管在長江兩岸設下「江北大營」與「江南大營」封鎖南京，但由於通往長江中游的道路已通，使得他們無法給予太平天國致命一擊。長此以往，局勢如果演變成太平天國與清廷南北分治天下的態勢，也不無可能，但太平天國的內部，卻開始腐化。

耶和華附身，耶和華借兵

當時，軍中事務向來都是由東王楊秀清代替天王洪秀全執行，有時爲了鞏固洪秀全的地位，楊秀清會假裝耶和華附身，說：「洪秀全乃吾子。」兩人會這樣演給信衆看，因此無論是誰，都會覺得兩人關係匪淺。

一八五六年六月，太平軍大破清廷的江南大營、同時也突破了三年來被包圍的態勢，全軍都陶醉在勝利的氛圍中，楊秀清認爲這全是自己的功勞，所以強迫洪秀全封他爲萬歲。洪秀全雖然表面上接受了這個要求，卻視此爲脅迫，此時的他，比起團結一致、推翻清廷，更一心想著如何鞏固自己的權力地位。

九月一日，洪秀全終於向北王韋昌輝下達「剷除楊秀清」的密令。天京轉瞬間陷入血海之中，楊秀清慘遭滅門，跟隨他的兩萬名士兵在混亂中被當成同黨殺害。

爲了平息衆怒，洪秀全緊接著血祭了韋昌輝一家，卻無法平復衆人的不信任與背離的人心，使得太平天國相繼失去好不容易得手的武昌、九江與安慶，天京終究成爲孤城，被混雜著外國傭兵的清軍所包圍。

一八六四年六月一日，歷經數個月的包圍後，天京終於斷糧，洪秀全藉口要向耶和華借兵而服毒自殺，得年五十一歲。七月十九日，清軍攻陷南京，太平天國的最後一根支柱——忠王李秀成被逮捕並處決身亡，太平天國至此覆滅。

焚燒孔廟，使書生變猛獸

太平天國之亂席捲了十八個省、持續了十四年，確實撼動了清廷的執政，但是太平天國所走的道路，卻比清廷更迷信、暴虐、破壞力更強。長期的動亂使「天京」附近的主要戰場——安徽——的經濟與文化，遭到毀滅性的破壞，大地遍布白骨，原本豐饒的田野化為人間地獄。

二十世紀的五〇年代以來，中國基於政治考量，一直視太平天國為農民革命，但近年也開始反省其腐敗的本質。太平天國的失敗，是因為領導者的權力欲望，加上農民起義中常見的短暫勝利後，隨之而來的急速腐敗。但筆者認為，加速太平天國滅亡的，是洪秀全的思想。

為了增加上帝的信徒，他把在中國思想界中占有領導地位的儒家經典，貶抑為「妖書」。太平軍所到之處，不斷焚燒各地的孔子廟，激怒了中國的知識分子。曾國藩及其弟子李鴻章，正是反對洪秀全暴行的代表性人物。

曾國藩是宋代思想家程頤與朱熹的信徒，換句話說，他本來只是一介儒生，之所以展開軍事的反對行動，是因為本身信奉的「道」，竟然無故被其他宗教侵犯。

一旦信念被踐踏，就連文弱書生也會變成猛獸。曾國藩籌組的湘軍（湖南民兵）與李鴻章籌組的淮軍（安徽民兵），在他們兩人的指揮下，成為血緣、師徒、同鄉關係交互羈絆的軍隊。在當時有能力包圍天京、毀滅太平天國的，只有這兩支軍隊而已。

因此，筆者認為太平天國與湘、淮二軍的對決，在賭上清朝存亡的同時，也是新興宗教與傳統文化之間的衝撞。

第三章 英法聯軍，紳士幹起強盜

清廷終於面對事實，發起「自強運動」，強了嗎？

清廷嫌麻煩，英國就找麻煩

太平天國揭竿起義的一八五一年，高高在上的道光皇帝在內憂外患之中，終於駕崩了。他在位三十年、享年六十九歲。皇四子奕詝（讀作「主」）被選爲繼承人，由於年號的關係，被稱爲咸豐皇帝。咸豐即位時年方二十，就像同一年洪秀全等人起義所象徵的意義，他過著比父親更多災多難的生活。

咸豐即位之初也曾想過勵精圖治，然而有其父必有其子，這位年輕皇帝的情緒不穩定不亞於道光，尤其他過度執著於「天朝」顏面，反而使國家蒙受更大的恥辱。

鴉片戰爭後，迫使清廷開放「五口通商」的英國人樂觀地認爲：「只要中國人手一頂棉帽，就算出動全英國的工廠，也會來不及出貨。」然而，中國社會自給自足的基本型態，並沒有因爲一紙條約而大幅改變。英國商品能進口中國固然是好事，但滯銷的話，就會堆成垃圾山了。心急如焚的英國商人認爲必須將條約修改得對他們更爲有利，才能解決這個問題。

一八五四年十一月，他們以《南京條約》已經締結十二年爲由，要求和清廷修改條約，主要內容爲增加通商口岸，以及各國大使進駐北京等。當此大事本應記取當年鴉片戰爭的教訓，透過積極的外交來穩固國家的尊嚴與利益，可是清廷卻嫌麻煩，甚至不想花心思好好談判。

又過了二十三個月，發生了亞羅號事件。亞羅號是一艘舊式貨船，船主雖然是香港的中國人，但香港割讓後登記在英國殖民局。一八五六年十月八日，停泊在珠江的亞羅號被廣東水師盤檢，由於登記時間過期而被扣留船隻，十三名中國船員也遭到拘捕。盤問期間，水師摘下船上的英國國旗，而種下禍因。

駐廣州領事巴夏禮（Sir Harry Smith Parkes）不肯放過這個機會，向兩廣總督葉名琛究責，要求他釋放船員，並對侮辱英國國旗的行爲道歉。

「船員是中國人、船也是中國船，摘面國旗又如何？」葉名琛人是放了，但是堅持無歉可道，如此高傲的態度，對英國人而言其實求之不得。歷史，再度殘酷地重演一遍。

六不總督，不知如何是好

英國以侮辱國旗爲藉口出動艦隊，法國也以法籍天主教傳教士馬賴（Auguste Chapdelaine）在廣西被殺爲由，連同英國一起出兵。一八五七年十二月二十九日，五千五百人組成的英法聯軍攻陷廣州，同時俘虜了葉名琛。

葉名琛後來在印度的監獄絕食而亡，被譏諷爲「六不總督」，所謂的「六不」是指：「不戰、不和、不守、不走、不降、不死」。腐蝕他內心的悔恨，已經不是言語可表達的吧。

可是，不給任何議和的實權、戰鬥的武力、守備的軍力，逃亡會傷自尊，投降會被視爲賣國賊，自殺只會使家人傷心，陷入如此進退皆難的窘境，葉名琛除了消極抵抗，還能做什麼呢？他充其量只是清廷愚蠢對外政策的犧牲品罷了。

皇帝不想見客，條約隨意簽

隔年一月，英法聯軍北上，五月時已經占領大沽、逼近天津。進攻路徑與一八四〇年的鴉片戰爭幾乎無異，而清廷的反應也如出一轍。

清廷派出大學士桂良到天津，先跟俄羅斯代表普提雅廷簽訂《中俄天津條約》，作為雇用他當仲介的利益交換，接著在俄國人與會的情況下，和美、英、法分別訂定《天津條約》，主要內容如下：

一、公使進駐北京。

二、英法人士可在內地遊歷及傳教。

三、開放營口、煙台、台南、淡水、潮州、瓊州、漢口、九江、南京和鎮江為通商口岸。

四、各國商船可自由航行於長江。

五、賠償英國四百萬兩、法國二百萬兩白銀。

各方約定隔年於北京換約。清廷好不容易使諸國停戰，但是英法聯軍一撤退，咸豐就想要廢約。他對「天朝與小邦」得對等看待感到嫌惡，否決了公使常駐北京的條款（編按：按西方慣例，咸豐必須接見各國公使，但是咸豐不想這麼做），為了去掉這條款，甚至用「免除關稅亦可」想跟英法交換條件。

咸豐，你這是在幹嘛？

時光不待人，轉眼間約定換約的時間，一八五九年六月已經到了。英法公使率領二十一艘船、士兵二千人朝北京邁進，卻在大沽口意外被攔住去路。按照約定，咸豐皇帝必須接見公使，如今卻在皇宮裡隨口搪塞說「不想見他們」。

朝廷大臣們揣摩上意，皇帝身邊溫順的高官也突然開始上奏一些強硬的言論。此時，朝廷派蒙古名將僧格林沁前往大沽口「擊退外夷」。

中國的史學家多半斷言此時英法艦隊就是爲了侵略才揮軍北上，然而這是曲解史實。兩年後，湘軍的首領、同時也是開放派的曾國藩對屬下如此興嘆：「咸豐九年，洋人來換和約，僧親王（僧格林沁）誘而擊沉其船，天下稱快。然而隔年夷人復至，北京淪陷，幾喪天下。僧格林沁應自殺以謝天下！」眞是看透時局的評論啊。

火燒圓明園，雨果好生氣

英法二國的憤怒不難想像，他們叫囂著：「這意味著全面戰爭！」並於一八六〇年七月大舉進攻中國。這次的聯軍，英國出動了一百七十三艘軍艦、一萬八千名士兵，法國派出了三十二艘軍艦、七千名士兵，二軍合計為二百零五艘軍艦、二萬五千名士兵，這麼大的陣仗，就是為了徹底打醒無視議和規則的清廷。

一八六〇年八月一日，英法聯軍在大沽北方的北塘登陸，並包圍大沽砲台。前往迎擊的僧格林沁雖然是在河北平原殲滅太平軍的猛將，但他身為蒙古騎兵團的統帥，卻誤判乘著軍艦而來的英法聯軍不擅長陸戰，以致於在北塘沒有配置一兵一卒防備敵軍。戰鬥的結果不消說，當然是大沽和天津相繼落入兩國聯軍手裡。

戰敗當然又要談判了，桂良再度前往天津，不過他也知道情況對清廷愈來愈不利。果然，英法除了要求清廷全面履行《天津條約》，還要求開放天津作為通商口岸、增加賠償金額，並要求在北京換約，也因此，英法要求這回皇帝必須正式簽署合約。

可是咸豐皇帝卻以「和外夷交涉，礙難允准」為由回絕，使得戰火再啓。九月二十一日，僧格林沁的騎兵團在北京近郊的八里橋全軍覆沒，聽到消息的咸豐慌慌張張地以北狩為名逃往承德的避暑山莊（又稱熱河行宮）。這位愚昧的皇帝隨隨便便就離開北京，在太平天國與英法聯軍的內外交攻下，隔年七月十七日，便因病駕崩於避暑山莊，得年僅三十歲。

沒有皇帝坐鎮的北京馬上就落入聯軍手中，英法兩國展開瘋狂的報復。十月十八日，自康熙以來不斷修葺擴建的皇家園林圓明園，被英法聯軍的英方全權談判代表伊利近（James Bruce, Earl of Elgin）下令放火燒了，火勢延燒了兩天，就連試圖逃亡的宦官和宮女，也有三百人被關起來活活燒死。根據英國的統計，至少有價值六百萬英鎊的文物被當作戰利品帶回英法，而幾乎與戰利品等價的善本書、瓷器與家具等物，也在火海中消失了。

雖說此舉是為了向清廷報仇，但破壞收藏中華文化精華的圓明園，每次想到總是覺得心痛。法國文豪雨果於一八六一年十一月二十五日寫給某位軍官的信件中，大大讚賞了圓明園一番，並生氣地說這場戰爭終於在「兩個強盜的勝利」中結束了，信中甚至直指「強盜就是法國和英國」。

把這麼可恥的事寫在條約裡

一八六〇年十月二十四、二十五日，咸豐的弟弟恭親王奕訢代表清廷，透過俄羅斯的調停，與英法簽訂《北京條約》，主要內容如下：

一、完全承認《天津條約》。

二、開放天津為通商口岸。

三、准許中國廉價勞力出口。

四、割讓九龍。

五、對英法兩國的賠款增至各八百萬兩，並另外付給英國五十萬兩、法國二十萬兩的慰問金。

這樣的內容遠比《天津條約》更加喪權辱國，清廷這方連一點談判空間都沒有，條約幾乎是一面倒的對英法有利。此後中國的關稅必須在英國人的監督下才能訂定，郵政事務也必須委託英國營運。然而，最可恨的是，連鴉片貿易從此也被迫合法化。

事實上，一八四二年簽署的《南京條約》，對於引發戰爭的鴉片貿易問題其實隻字未提，因為英國還在猶豫，該不該將販賣毒品給中國這麼可恥的事情，白紙黑字寫在條約上，然而十六年後，為了在競爭愈來愈激烈的國際情勢上處於不敗之地、守住英國霸主的地位，英國必須將鴉片帶來的莫大利益列入考量。利字當前，這些紳士也恬不知恥地淪為「強盜」了。

順帶一提，由於鴉片買賣的合法化是戰爭最終目的之一，所以英法聯軍之役也被稱作第二次鴉片戰爭。隨著鴉片買賣的合法化，中國鴉片進口量逐年增加，吸食鴉片的人口愈來愈多，於是又瘦又黑、好像風吹就會倒的模樣，成為西方對中國人的刻板形象，也使得中國人被蔑稱為「東亞病夫」。

其實，強盜不只兩個，在此之前自詡為中間人的俄羅斯，至此終於露出真面目。十一月十四日，俄國以協助中國調停英法有功為由，要求一併簽訂《北京條約》。到了一八六四年，清廷割讓了東北和西北、總計約一百四十四萬平方公里的領土給俄羅斯，具體說來，西北就是巴爾喀什湖（今哈薩克共和國東部的大湖）以東四十四萬平方公里；東北則是黑龍江以北、外興安嶺（俄語的斯塔諾夫山脈）以南的六十萬平方公里，以及烏蘇里江以東的四十萬平方公里等區域。老奸巨猾的俄羅斯，就這樣不費一兵一卒，成了最大的獲益者。

第二次鴉片戰爭自一八五七年十二月二十九日英法聯軍攻打廣州開始，至一八六〇年十月二十四日簽訂《北京條約》後才平息。同一時間，清廷在長江下游和太平天國也正打得不可開交。

看不到臉的幕後元首

咸豐皇帝死前留下了遺詔：「命怡親王載垣、鄭親王端華、戶部尚書肅順等八名顧命大臣，輔弼皇太子載淳為帝，總攝朝政。」這八名大臣都是咸豐信任的近臣，之所以需要攝政大臣，是因為皇太子才五歲而已。

但有一位女子對這份遺命感到憤恨不已，那就是皇太子的生母、後來的慈禧太后葉赫那拉氏。她十八歲進宮，二十二歲因爲生下皇太子而晉升爲懿貴妃。

「新皇帝是我兒子，皇帝的天下就是我的天下，竟然把我排擠在外，安排這群老人攝政，到底是什麼意思……」她咬牙切齒地想，「應該採取一些手段了。」

慈禧

慈禧向沒有子嗣的慈安太后鈕祜祿氏、恭親王奕訢和僧格林沁等人探尋合作的機會。找上個性溫和的慈安太后是因爲兩人關係最親；尋求奕訢和僧格林沁的合作，則是因爲她發現這兩個人被排除在顧命大臣名單之外而感到不滿。由於奕訢受命與英法美俄談和，等於擁有跟列強溝通的強力管道，只要能籠絡他，就等於讓列強站在自己這邊。

一八六一年十一月初，她們一舉擊潰八位顧命大臣，斬首了肅順、命端華與載垣自盡，其餘五人也遭到免職或流放，史稱「辛酉政變」。除掉礙事者後，慈禧將新帝的年號定爲「同治」，並且立奕訢爲議政王，讓心腹擔任朝廷要職，之後便跟慈安太后一起「垂簾聽政」。

「垂簾聽政」意指由皇太后代替年幼的皇帝處理國政，當時女性不能在男性面前露臉，只好在皇帝的龍椅後方垂下簾幕，隔著簾幕跟大臣們議政。年僅五歲的皇帝因爲年號，被稱爲同治皇帝；而慈安與慈禧因爲分別住在東宮與西宮，也被稱爲東太后與西太后。

慈安太后於一八八一年辭世，得年四十四歲，但她生前就不太過問政務，幾乎都交給慈禧處理。就這樣，慈禧從一八六一年開始垂簾聽政，一直到一九〇八年過世爲止，時間長達四十八年，對清末的國政有極大的影響力。

洋務運動，出洋相

歷經二次鴉片戰爭的失敗後，清廷終於了解列強的實力，而太平天國之亂，也讓清廷正規軍隊的孱弱程度表露無遺。雖然一連串的不平等條約讓人心痛，但以曾國藩、李鴻章爲首的漢臣，也因爲平定太平軍有功，在朝廷說話的份量開始變大了。

他們認爲，想要拯救國家，就必須引進西洋的工業與軍事技術。在改革派中，有一位魏源是林則徐的好友，他就認爲必須「師夷長技以制夷」，主張學習國外先進的科學技術，以抵禦外國的侵略，使中國走上富強的道路。一八六一年起，這群人展開了「自強運動」（大陸稱爲洋務運動）。

李鴻章

然而，中國數千年的傳統，加上朝中遍布的守舊勢力，想要打破窠臼不是這麼容易的事。此外，曾國藩和李鴻章等人雖然抱持開明的思想，但他們也是從舊體制裡走過來的人，期待這種背景的人能夠挑戰體制、加以改革，還是太嚴苛了。也因此，所謂的「自強運動」，充其量只是企圖和守舊派勢力謀求折衷的方法，以「中體西用」爲宗旨所展開的改革。

所謂的「中體西用」，說到底就是以中國古老的體制爲主體，引進西洋實學之意。在我看來，此樣的改革無異於「穿著兜襠布再套上燕尾服」這種怪異的服裝搭配。即使如此，他們的努力確實爲當時的工業、軍事和教育帶來相當大的刺激。主要實績，請看以下說明：

一、同治二年（一八六三年），李鴻章在上海設外語學校。

二、同治四年（一八六五年），李鴻章在上海設立江南機器製造總局，並附設翻譯館。

三、同治五年（一八六六年），左宗棠設立福州船政局。

四、同治十一年（一八七二年），曾國藩、李鴻章派留學生赴美留學（往後每年派三十名）。

五、光緒二年（一八七六年），李鴻章派員到德國學習陸軍軍事、到英法學習造船。

六、光緒六年（一八八〇年），李鴻章在天津設立水師學堂和電報局。

七、光緒八年（一八八二年），李鴻章建構旅順軍港、並開設上海機器織布局。

八、光緒十一年（一八八五年），李鴻章設立天津武備學堂。

九、光緒十四年（一八八八年），李鴻章創立北洋海軍。

究竟曾國藩與李鴻章等人推動的「自強運動」，能不能拯救中國？這個答案在自強運動的三十年後就有解答了。

第四章　甲午戰爭：整軍經武不換腦袋

迅速整頓軍備的日本，對上疲於宮廷內鬥的清廷。

維持現狀，琉球能嗎？

一八七四年，年滿十八歲的同治皇帝從慈禧那裡拿回政權，開始親理朝政。然而他運氣不佳，隔年就猝死了。他在位期間，不僅太平天國之亂已經漸漸平息，也幾乎沒有任何外來的侵略。同治皇帝耽溺於日漸安定的世道，經常微服出巡，夜夜與宦官偷溜出宮，流連於花街柳巷之中。據說他英年早逝，是因爲感染了梅毒。身爲一個大國的國君，他眞的很特別。

然而，雖然本土無戰事，但同治皇帝甫親政不久，日本就出兵台灣了。一八七一年十二月，一艘來自琉球的船在台灣擱淺，結果難民幾乎都被台灣原住民殺害。雖然日本向中國究責，但清廷以琉球和台灣同屬中國領土、此事爲內政問題爲由，而不許日本插手。

無論是日本的詰問或清廷的辯解，都有各自的道理。因爲琉球在明朝洪武五年（一三七二年）認中國爲宗主國，往後的五百年，都以明、清藩屬國的身分向中國朝貢。然而一六〇九年時，日本的薩摩藩攻陷琉球，使得琉球同時也向該藩稱臣，以至於台灣發生這件事時，琉球實際上同時是清廷和日本的藩屬國。兩造宗主國長期以來並未處理此事，一直維持現狀，直到台灣事件爆發，才打破這個詭異的平衡。

淮軍日軍台灣對峙

一八七四年五月，日本內務卿大久保利通出兵台灣，他想通過對台戰事，平息日本因爲明治維新廢藩置縣而失業的數十萬名武士的不滿。三千六百人組成的日軍於五月中旬向台灣出發，對台灣進行大規模的軍事壓制。

另一方面，爲了對抗氣燄囂張的日本，五月下旬，李鴻章奉命編制並派遣六千五百名淮軍到台灣，一時間台灣島上戰雲密布，中日之間的戰火一觸即發。兩國一千年來一直密切交流，卻在近代的舞台上必須這樣交手，眞的讓人很遺憾。

軍事上不斷對峙的同時，中日在北京也展開激烈的談判，結果清廷選擇讓步，因爲當時清廷爲了收復新疆，正跟俄羅斯互槓到如火如荼的地步。清廷承認日本對台灣出兵是「保民義舉」，並簽署了《台事北京專約》。

十月，日本以軍隊從台灣撤兵爲條件，要求清廷支付五十萬兩白銀。這樣的讓步造成日本認定琉球人民非中國人民、琉球也不屬於中國。事情定案後，日本占領了琉球，更在一八七九年將琉球改爲沖繩縣。

從此以後，曾經誇耀爲「同文同源」的中日兩國，就開始朝著激烈的敵對關係發展了。失去琉球的清廷，除了對自古以來就不斷學習、吸收中華文化的島國突然變了個樣而感到震驚，也對日本趁中國積弱不振、與列強一起欺負中國感到忿忿不平。

另一方面，日本這邊在琉球問題上，輕易就從中國得到許多好處，所以再度對朝鮮半島燃起了狼子野心。一八九四年，爲了爭奪朝鮮半島的宗主權，中日終於爆發「甲午戰爭」。

你蓋花園，我建軍備

甲午戰爭開打的光緒二十年（一八九四年），同治的皇位繼承人已經在位二十年了。由於同治皇帝十九歲就過世，並未留下子嗣，所以慈禧讓他年僅三歲的堂弟載湉繼承帝位，後來因年號的關係，被稱作光緒皇帝。光緒是一個在國家的不幸中度過悲慘一生的國君。另外，那一年的干支是「甲午」，所以中國也把這場戰爭稱爲「甲午戰爭」。

開戰前，我們先來看看中日雙方的軍力吧。

一八八五年時，北洋大臣李鴻章掌管的北洋艦隊，擁有七艘二千噸以上的戰艦、總噸數兩萬七千噸的艦隊，排名世界第八名、亞洲第一。相較之下，日本海軍擁有五艘二千噸以上的戰艦、總噸數一萬七千噸的艦隊，排名世界第十一名、亞洲第二。在這個時間點，清廷雖然占了優勢，後來卻因爲雙方各自踩著不同的步伐，使得彼此的命運走上分歧。

一八八八年，北洋艦隊宣告正式成立，雖然這是好消息，但北洋艦隊後來卻苦於經費被削減，使得戰爭爆發前夕，別說新戰艦了，就連維護舊戰艦或購買砲彈都做不到。當全世界海軍的發展不斷進步，中國不但停滯不前，甚至還往後退。儘管北洋艦隊一年有二百萬兩維修費的預算，但爲了慶祝慈禧的六十歲大壽，清廷把預算挪去建造頤和園，所以實際撥下來的款項，只有五十萬兩左右。

那麼，敵方日本又是怎麼樣的情況呢？

同樣是一八八五年，日本政府擬定了理論上可以超越北洋艦隊的年度軍備計畫，將國家財政收入的六〇％，都投入於發展與建立近代化的海陸軍戰備當中。一八九二年時，雖然比預定時間更早實現計畫，但明治天皇卻進一步以六年爲期，決定每年從皇室經費中撥出三十萬兩、再從政府官員的薪水中提出一成用於造船。

開戰之前，日本聯合艦隊的總噸數已經高達七萬二千噸，遠遠超越了北洋艦隊。因此，和以「定遠」和「鎭遠」爲首的北洋艦隊相較，以「松島」和「吉野」爲首的日本聯合艦隊無論是配備或性能，都遠勝過中國的北洋艦隊。

在陸軍方面，因爲平定太平天國之亂，而留下驍勇善戰之名的湘淮兩軍，在消滅敵人後，漸漸開始不重視風紀、日漸腐敗。日本則擁有常備軍六萬三千人和預備軍二十三萬人，並以在大陸的平原進行運動戰（集中優勢兵力，各個擊破的作戰方式）爲假想戰況，不斷進行嚴苛的訓練。

帝黨只會說，后黨只會貪

除了軍事方面，清廷內部也有很大的問題。

一八八九年，光緒皇帝成年，慈禧將大權歸還給他，然而她的權力欲望很強，絕對不會眞的放手，她周圍環繞著中央與地方的官僚，這些人集結成「后黨」，全面牽制皇帝的行動。

另一方面，光緒皇帝對於成爲傀儡感到不滿，因此一逮到機會就想要擺脫現狀、掌握實權，而鼓勵他這麼做的，就是帝師翁同龢。翁同龢想跟「后黨」對抗，於是集結了在朝中身居要職的門生組成「帝黨」，其中不乏憂心國家前途的有志之士，他們自稱「清流」、標榜強烈的愛國心，經常議論國政，卻未曾付諸實行。

另外，非常不幸的是，翁同龢與李鴻章兩人有很深的私人恩怨。翁同龢的哥哥翁同書曾在與太平軍作戰的過程中逃跑，被曾國藩和李鴻章上書彈劾，並建言處死，後來翁同書因家世顯赫（出了兩代帝師）免除了死罪，但翁家卻無法消除對李鴻章的怨恨，即便事情早就過去了，翁同龢還是不時刁難曾、李兩人的自強運動。

再者，帝黨沉醉於愛國情操，每每與列強發生衝突時，都嚷著要「徹底抗戰」，對時局認識的不足，終究導致了帝黨的失敗。

李鴻章收錢自保

甲午戰爭的十年前，中法之間曾經因爲越南的領土問題產生爭執。李鴻章爲了避免戰爭而想要謀求和平的解決之道，卻因爲帝黨跟他之間的私怨，使得器度狹小的帝黨堅持與法國決戰到底、不肯退讓。戰爭的結果，不但造成與北洋艦隊一同出兵的南洋艦隊在福州馬尾損傷慘重，也迫使中國放棄對越南的宗主權，此役史稱「中法戰爭」。

李鴻章只能在嘆息中靜觀事情的發展，而且爲了避開帝黨的攻擊、守住自強運動的成果，他在不知不覺中向后黨靠攏，而這當然會妨礙到自強運動的進展。

一八九〇年以來，對后黨來說最重要的事，就是熱烈慶祝慈禧的六十大壽，好討「老佛爺」的歡心。收受后黨金錢的李鴻章爲了自保，只好將北洋艦隊的軍費挪去建造頤和園。李鴻章夾在帝黨的愛國遊戲、后黨的貪欲，以及朝中滿臣的嫉妒之間，必須絞盡腦汁守住自己的地位。

在這種情況下，李鴻章只能依賴淮軍和北洋艦隊了，隨著朝廷內部的傾軋日深，相較於跟外敵戰鬥、讓軍隊暴露在危險之中，他更需要拿出可以保住自己進退之路的殺手鐧。自台灣事件以來，他對日本雖然抱有警戒心，卻一直設法避免兩軍對戰，可說是採取退縮不前的態勢。即便朝鮮半島已經點燃戰火，他還是希望能透過俄羅斯、英國居中斡旋，同時不斷告誡部屬「不可輕舉妄動」。

但是，傾全國資源只求一戰的日本，根本就不接受調停，李鴻章對和平解決的期待，只會讓清廷延遲戰備、士氣低落，最後招致無法挽回的慘敗。

門生丁汝昌賺錢自肥

一八九四年七月二十五日早上七點四十五分，日本海軍第一游擊隊在沒有對中國正式宣戰的前提下，就在豐島海域展開攻勢，中日稱此役爲「豐島海戰」。

此役使北洋艦隊失去了砲艦「廣乙」與「操江」，以及運輸船「高陞」。「高陞」上有一千名要送往朝鮮前線的清軍，被擊沉後又遭到日本海軍掃射，至少有七百名士兵死亡。

戰爭才開始，防護巡洋艦「濟遠」就立刻逃跑，艦長方伯謙以陣前脫逃的罪名在兩個月後被處以死刑。方伯謙是一八六六年開設的「福州船政學堂」的第一期學生，畢業後以優秀人才的身分獲選留學英國，自強運動培養出來的人才竟然得到如此下場，委實令人感嘆。近年來，福州有研究者企圖爲他翻案，不過目前這類翻案好像得不太到什麼認同。

八月一日，中日雙方正式宣戰，並立刻進入戰爭狀態。可是豐島海戰之後，清軍依舊屢戰屢敗。九月十五日，一萬七千名清軍遭遇一萬六千名敵人後，放棄了平壤，在六天內狂奔了二百五十公里的路，終於到達鴨綠江北岸、逃回中國境內。此時此刻，中國已經完全失去朝鮮了。

平壤失陷的兩天後，世界史上第一次有鐵甲艦投入決戰的大規模近代海戰——黃海海戰開打了。

稍微離題一下，率領北洋艦隊的是丁汝昌，他明明是個「只識弓馬」的騎兵，被破格拔擢爲水師提督，完全是因爲他非常聽恩師李鴻章的話。「不管朝廷發生什麼事，都要當我的後盾，其他的只要隨意處理即可。」這是李鴻章寄託在丁汝昌身上，最大的期待。

不知道丁汝昌是不是被恩師的「和平理念」所感，他不顧眼前迫切的危機，只顧著利用軍艦來營私賺錢，甚至連威海衛的艦長宿舍也拿來出租，據說拒絕入住的人都會受到差別待遇。丁汝昌這種行爲，要是做個商人，應該能有個精彩的人生吧，但是身爲軍人，而且是北洋艦隊的提督，就不得不說他的存在，眞是國家萬民的不幸。

輸得離譜，死得壯烈

一八九四年初秋，日本聯合艦隊爲了求戰而不斷逼近威海衛，北洋艦隊卻沒有任何反應。遠在紫禁城的光緒皇帝對水師的毫無作爲開始感到不耐煩了。「北洋艦隊是怕海？還是怕日軍？」

爲了平息皇帝的怒氣和輿論的壓力，李鴻章只好下令艦隊出黃海「巡航」，卻在返航時碰到日本的聯合艦隊，而在大東溝以南的黃海開打了。

雙方從正午打到傍晚五點半左右，清廷這邊派出丁汝昌率領的艦隊共有十艘軍艦，總噸數爲三萬一千噸、平均時速十三海浬，配有重砲二十一門、速射砲六門。另一方面，日本聯合艦隊司令官伊東祐亨率領的艦隊，則共有十二艘軍艦，總噸數爲四萬噸、平均時速十六海浬，配有重砲十一門、速射砲六十七門。開戰後不久，北洋艦隊的旗艦（指艦隊的指揮艦）「定遠」立刻中彈，丁汝昌從二樓摔下甲板而身負重傷。

由於平日缺乏危機意識，接下重任的丁汝昌，眞正開打後卻無法指揮，沒人指揮的北洋艦隊開始各自作戰，「超勇」、「致遠」、「經遠」等艦相繼被擊沉，北洋艦隊完全亂了陣腳。

此役中北洋艦隊有五艘船艦被擊沉、四艘嚴重受損，戰死的人數包括「致遠」艦長鄧世昌在內共八百人。鄧世昌也是留學英國的優秀人才，但他決心與戰艦同存亡，在落水後拒絕別人的救援，與愛犬「太陽」一同沒入大海。他跟方伯謙一樣都是自強運動培養出來的人才，卻選擇了完全不同的死法。

另一方面，日本聯合艦隊的指揮艦從「松島」到「吉野」，一共有五艘軍艦受到重創，戰死大約三百多人。

旅順大屠殺，什麼武士道！

黃海海戰的慘敗，讓李鴻章對日軍非常恐懼。他命令北洋艦隊回到威海衛「保船制敵」是致命的失策，使得諸多船艦，包括定遠和鎭遠等主力艦都淪爲廢鐵。清軍將自個兒的活動範圍給限制住，等於把最重要的制海權拱手讓給日本軍隊。

一八九四年十月二十四日，由山縣有朋所率領的第一軍共三萬人渡過鴨綠江、向遼陽前進，大山巖所率領的第二軍二萬五千人，在未遭遇任何抵抗的情況下，順利從遼東半島的花園口登陸，往旅順前進，日軍終於攻入中國本土了。

十一月七日，正值慈禧六十歲壽誕、整個紫禁城沉浸在歡樂氣氛中的同時，金州、大連和旅順相繼淪陷，緊接著，旅順發生了令人不快的虐殺平民百姓事件。

十二月十二日，《紐約世界報》（*New York World*）刊登了下面這則新聞：「屠殺持續三天，連沒有防備的非武裝平民也在自家遭到殺害，遺體殘破的程度，無法用言語形容。——戰地記者克里曼（James Creelman）報導」

沒多久，《北美評論》（*North American Review*）也發表了〈旅順的眞相〉（*The Truth about Arthur*）一文，根據該文，經過三天的大屠殺後，旅順「只剩下三十六名中國人生還。」

現在，來看看日本這邊的史料吧。

《福岡日日新聞》於十二月十九日刊登了參與旅順一役的第二十四連隊中士所寫的信。「破曉前逮捕了十三名清兵，後來在下士哨一一刺死，應該是由三人行刑……逃竄至旅順的清兵或傷者，每戶都有兩、三人，都用刀斬首或刺刀殺死，我們踏過的土地都是紅色的，全都血流成河。」

伊藤博文

接下來是第一師團野戰砲兵第一連隊運輸兵小野六藏的日記：「十一月二十五日……幾乎每戶都有二、三具敵人的屍體、白鬍子老爺爺和嬰兒一塊兒殺死，白髮老婆婆和媳婦手牽著手橫臥在地，悽慘的情景實在是無可名狀。」

屠殺一事曝光後，日本的首腦們解釋：「殺死的是脫下軍服逃跑的清軍」，然而小野六藏日記中的白鬚老爺爺和嬰兒，以及白髮老婆婆和媳婦，也都是「脫了軍服的敵軍」嗎？

引發「文明戰爭」的日本，終於暴露出「穿著文明外衣，而具野蠻筋骨的怪獸」（《紐約世界報》一八九四年十一月二十八日的報導）的真面目。面對國際的反彈聲浪，伊藤博文下達了這樣的指示：「貿然承認危險又不妥，只能就此不理，以後再來辯駁。」

這項方針甚至貫徹到往後的中日戰爭，但日本此舉是汙衊了自己所信奉的武士道精神。順帶一提，在中國這方的記錄中，旅順大屠殺中，共計有一萬八千名死者。

三十年自強運動六天崩潰

日軍接下來的目標是徹底殲滅北洋艦隊，一八九五年一月二十日，日本第二軍在山東榮城灣登陸後，封鎖了威海衛。之後，聯合艦隊占領了威海衛南北兩岸的砲台，讓被包圍在威海衛中的北洋艦隊，跟籠中鼠沒什麼兩樣。

在海上陸上都受到砲擊之際，六十歲的丁汝昌飲彈自盡了，剩下的十一艘軍艦和大量的軍用物資全都成了日軍的戰利品，而廣受世界矚目的北洋艦隊，就這樣在歷史的舞台上消失了。

幾乎和北洋艦隊消失的同一時間，光緒皇帝下了最後的賭注。他命六萬湘軍前往迎擊，但才短短六天，戰線就完全崩潰，山海關附近的要塞一一失守。這次戰敗讓帝黨完全斷了決戰的念頭，取而代之的，是殷切盼望議和的后黨。

三月十四日，李鴻章爲了乞和，從天津渡海到日本。往後的一個月內，雙方的談判都圍繞在賠償金與割讓領土上，每每讓李鴻章感到爲難。也不知道是幸或不幸，三月二十四日，李鴻章遭到暴徒狙擊，日本唯恐列強干涉，終於同意休戰。四月十七日，李鴻章和伊藤博文簽訂了《馬關條約》，持續了九個月的甲午戰爭才終於落幕。條約主要內容如下：

一、承認朝鮮「完全獨立」。

二、割讓遼東半島、台灣、澎湖群島給日本。

三、賠款白銀二億兩（約日幣三億，相當於清廷年收入的三倍）。

四、增設沙市、重慶、蘇州和杭州爲通商港口。

五、准許日本人在通商口岸蓋工廠。

事情演變至此，列強再也無法保持沉默。「日本才剛跑來湊一腳，竟然就提出我們一直忍著不提的領土割讓，這怎麼行！」俄羅斯、法國和德國一起發出異議，在俄國的強勢介入下，日本只好屈服，同意歸還遼東半島，但日本也不是省油的燈，要求清廷必須支付三千萬兩的歸還賠償金。

甲午戰爭後，遠東的勢力分布有了相當大的變化，此後日本把俄羅斯當成假想敵，利用清廷給的戰爭賠償金蓋了八幡煉鋼廠，努力充實國力。日本的崛起將東亞「英俄爭勝」的局勢轉變為「日俄對立」，最後雙方終於在中國領土上，爆發了日俄戰爭。

另一方面，清廷由於鴉片戰爭以來的連連慘敗，在亞洲失盡威信不說，還成為列強瓜分的對象。德國占領了青島，並將山東納入勢力範圍；俄羅斯占領了旅順、大連，並將東三省納入勢力範圍，也不管中國才剛用了三千萬兩從日本那裡贖回來；在南方，法國租借了廣州灣，英國也租借了九龍半島。看見這種情況，日本也要求清廷承諾不能把福建租借給其他國家，換句話說，日本已經將福建納入自己的勢力範圍了。

然而，最讓人心痛的，就是甲午戰爭的結局，無異於向世人宣告，努力了三十年的自強運動已經徹底失敗。中國應該何去何從？

第五章 清朝滅亡了，終於

百日維新失敗、溥儀退位，還有國父下台，居然都因為袁世凱！

百日維新所託非人

中日簽下《馬關條約》後，中國的知識分子對於自強運動悲慘的結局感到十分痛心，他們強力抨擊「中體西用」的做法，同時開始思考：拯救中國的方法，是否只剩下變法了？

康有為

康有爲就是其中最具代表性的人物。他出身廣東，二十幾歲時約有一半的時間在香港和上海遊歷，看到洋人的行政管理模式，讓他受到很大的刺激。他想從西學中尋找救國的眞理，提出了自強運動時的改革派不敢提出的政治改革。

這個想法讓消沉的光緒再度振奮起來，康有爲所說的日本明治維新和俄羅斯的事蹟，爲他黑暗的宮廷生活點亮了一盞明燈。

一八九八年六月十一日，光緒皇帝讓康有爲擔任總理衙門章京（掌理外交部文書或事務的官職），同時宣布開始「維新變法」。主要內容如下：

一、政治：裁減官衙冗員，廣開言路，鼓勵發行報紙。

二、經濟：首都設立農工商總局和鐵路礦業總局，並在各地設立分局，以發展農、礦、工、商等產業爲目標；同時改革財政制度、重新擬定國家預算。

三、軍事：改用西洋的訓練方式來訓練陸海軍。

四、文教：考試重視政論而非詩文、派遣留學生到日本和西方，並設立京師大學堂（今北京大學的前身）。

這是一個涵蓋許多方面的改革方案，其核心是打破固有的權力結構，將大權集中在光緒皇帝手中，好讓中國踏上富國強兵之路。然而，這項改革方案根本就是在慈禧面前捋虎鬚，也觸怒了滿漢上下一百多萬的大小官僚，因爲新政會讓他們被迫失去所有的既得利益。於是他們痛罵康有爲是「洋奴」，並用盡一切手段試圖打垮他。

面對保守派的凌厲攻勢，就應該設法保護自己，光緒皇帝聽進了維新派主將譚嗣同的建議，將袁世凱召進宮中。

袁世凱是河南項城人，出生於官宦世家，也靠著這項人脈進入官場。一八八二年，他跟隨淮軍將領吳常慶東征朝鮮半島而開始嶄露頭角，並獲得李鴻章的信賴，甲午戰爭後便開始負責督練新軍，而他之所以受到維新派的青睞，是因爲他曾經對新政表示贊同。九月十八日，譚嗣同去見袁世凱，並告訴他光緒皇帝的密令：「殺了慈禧的心腹，把慈禧軟禁在頤和園！」要是兵變成功，天下就是維新派的囊中物了。

然而，把變法的命運託付給袁世凱，卻是災難的開端。袁世凱當場答覆稱「是」，回頭卻向慈禧的左右手榮祿密告，結果，被軟禁的不是慈禧，反而是光緒皇帝。

九月二十一日，慈禧宣布再度「臨朝訓政」，同時下令逮捕維新派。雖然康有爲和弟子梁啓超接受日本跟英國的政治庇護而逃亡海外，譚嗣同卻拒絕逃跑，以至於以譚嗣同爲首的六人皆被斬首處死，這六人被民間尊稱爲「六君子」。

維新運動自一八九八年六月十一日開始，至九月二十一日止，只持續了一百零三天，所以被稱爲「百日維新」：因爲這一年的干支是「戊戌」，所以又稱爲「戊戌變法」。

罷。

不義又不和的義和團

列強對於中國的變法當然也非常關心，維新派被掃蕩後，康有為和梁啓超分別逃往日本和英國，而慈禧雖然想把光緒從龍椅上拉下來，但因為各國公使反對而不得不作罷。

「事事干涉我到底是什麼意思……總有一天要讓他們遭到報應。」慈禧內心懷著對列強的憎恨，她的憤恨慢慢開始沸騰，而此時以山東和河北為中心發起的義和團運動，就像配合她沸騰的情緒般蔓延開來。

所謂的義和團之亂，就是激進的攘夷運動，是自鴉片戰爭以來，民間累積了對列強的憎恨爆發出來的結果。一開始參加者只有農民、手工業者、退役的軍人等。但漸漸的，在他們喊出「扶清滅洋」口號後，官吏和王公貴族等上層階級也參與其中，最後演變成十五萬人的大團體。

一九○○年五月，義和團控制了河北的戰略要地保定，開始滲透天津、北京。鎮壓這一群人根本就沒效，他們所到之處不但焚毀教會、殺害信衆，甚至攻擊同情洋務派或維新派的人。最令人不寒而慄的是，只要有人攜帶或使用香菸、眼鏡、洋傘、鉛筆、洋書，甚至是火柴等舶來品，都會遭到無情的殺害。

五月底時，各國公使在北京召開緊急會議，決定以保護公使館和教會的名義派軍隊增援，沒多久，英、美、俄、法、德、奧匈帝國、義大利、日本等國組成了八國聯軍，天津近海也集結了列強軍艦。

「四分利」辛丑條約

「外夷期待的，就是我的失策。」慈禧這樣解讀列強的武裝行動，連日召集心腹商討對策，最後得出「民氣可用」的結論。他們想利用徹底發狂的「民氣」把討人厭的列強趕出去。六月二十一日，清廷終於和義和團攜手，向各國宣戰。

單單跟日本一個國家打仗就吞下慘敗，這回竟然跟這麼多國家爲敵，簡直就是愚蠢至極。天津馬上就被八國聯軍攻陷，八月十四日，北京也落入聯軍手中。慈禧這回扮成農婦逃往西安，途中指派李鴻章爲議和特使，負責跟聯軍求和。

先前的洋務派大臣，在這場大混亂中，又做了些什麼呢？「義和團要是南下，一定會對長江流域造成毀滅性的破壞，一定要阻止他們。」李鴻章、湖廣總督張之洞、兩江總督劉坤一、山東巡撫袁世凱等人，都抱持著這種想法。因此，六月下旬，聯軍在天津發動猛烈攻勢的時候，這些人就跟各國公使簽訂了《東南互保章程》，公然違抗朝廷支持義和團的旨意，可見清廷在北京的政府機能已經全面崩解。即便如此，列強竟然還願意坐上談判桌，就是因爲以「和洋務派大臣談判」爲條件的關係。

雖然如此，列強在談判桌上當然還是提出了割讓領土的要求，其中俄羅斯、德國和日本對此的野心更盛，但在英美的反對下才被逼退。說到底，英美重視的還是中國的商業利益，況且俄羅斯想要取得領土的態度太過明顯，讓英美對此相當地警戒與反感。

十二月二十四日，八國加上比利時、西班牙和荷蘭，一共十一國遞上《議和大綱》，主要內容如下：

一、各國賠款共白銀四・五億兩，分成三十九年、一年四分利攤還，合計九・八二億餘兩，獲賠的一方，賠款的分配比例約爲俄羅斯二九％、德國二〇％、法國低於一六％、英國高於一一％，美日各高於七％。

二、北京的東交民巷設爲公使館區，各國可以派兵駐紮，並禁止中國人居住。

三、從大沽到北京的砲台都必須拆毀，外國軍隊可以駐紮在北京到山海關之間共十一處的戰略要地。

四、清廷必須懲辦鼓勵義和團的大臣、獎勵並重用反義和團的大臣。

五、永久禁止中國人組織排外性質的結社。

六、「總理各國事務衙門」改爲「外務部」。

隔年秋天，清廷全面接受了這份大綱，由於一九〇一年的干支是「辛丑」，所以這份條約被稱為《辛丑條約》。九．八二億兩白銀就不用說了，光是第三條，就會讓中國變成國防非常脆弱的國家；而允許外國軍隊進駐北京近郊，則成為一九三七年盧溝橋事變的遠因。

被迷信和狂亂淹沒的義和團運動雖然平復下來，但中國北方的武裝鬥毆事件卻方興未艾，只是他們的口號不知何時從「扶清滅洋」變成了「掃清滅洋」。

日俄戰爭催生蘇聯

負責簽署《辛丑條約》的李鴻章彷彿鬆一口氣，於同年的十一月七日過世，享年七十八歲，他的人生可以說是毀譽參半。

俄羅斯想趁著義和團之亂獨占中國東北，而日本對東北也覬覦已久，甲午戰爭時雖然因為屈服於俄羅斯的壓力而放棄，但經過幾年的整頓軍務，再加上英日結成同盟，日本終於將目標擺在打倒俄羅斯了。一九〇四年二月十日，日俄戰爭在中國和朝鮮的領土上爆發了。

這場戰爭一共持續了十九個月，一九〇五年九月五日，透過美國總統西奧多．羅斯福（Theodore Roosevelt）的調停，兩國簽訂了《樸茨茅斯條約》，戰爭在日本獲勝中畫下句點。然而，這十九個月間，中國東北受到戰爭影響的人民有數十萬人，死傷也高達二萬人。

日軍的勝利絕對不會爲日本國民帶來幸福。由於這是在中國和朝鮮獲得的局部性戰勝，無法完全軟化俄羅斯的強硬姿態，結果因爲戰爭而財政惡化的日本不但收不到戰爭賠償金，國內民衆也因爲戰爭增稅、生活困苦而點燃怒火，甚至引起日比谷縱火事件（編按：日本民衆不滿條約內容，聚集在日比谷抗議，甚至攻擊報社與政府官員，日本政府因此緊急戒嚴，最後終於平息暴動）。

此外，單從歷史的因果看來，俄羅斯的戰敗也成爲俄羅斯革命的導火線，最後催生出蘇聯這個比日本更強的敵人。

國父立志要做「洪秀全第二」

中國史學界一向將太平天國、自強運動、維新變法和義和團運動視爲「四大改革」，然而太平天國只有帶來迷信和破壞；自強運動充其量不過是打著「中體西用」的旗幟，卻拘泥於傳統政體而進行的半吊子改革；維新變法儘管比自強運動更進一步，但試圖挽救完全腐敗的清廷政權，就註定了它失敗的命運；至於義和團，上自王公貴族下至平民百姓，都因此捲入反近代化、反進步的全民運動，結果當然最悲慘。而這一切的失敗，孕育出孫文的民主主張。

孫文字逸仙，出身於廣東香山的農家。他十三歲（一八七九年）在兄長的幫助下前往檀香山留學，但由於他熱衷基督教和政治，守舊的兄長只好送他回鄉，隨後就讀香港西醫書院（香港大學前身），並於一八九二年畢業。

畢業後，他寫信給李鴻章，提出「人盡其用、地盡其利、物盡其用、貨暢其流」的改革方案，但李鴻章覺得孫文的提議冷漠又缺乏創意，當場就捏爛了這封信。孫文在失望之餘，更加堅定了他反清的信念，於是在檀香山成立「興中會」。

所謂的「興中」指的是復興中華，單就孫文那時候的經歷來看，有人認爲他跟年輕時的洪秀全有幾分相似。實際上，年輕時的孫文推崇洪秀全爲反清英雄，還自稱「洪秀全第二」呢。他跟洪秀全一樣出身廣東、信仰基督教，以打倒清廷爲職志，使得孫文對洪秀全非常傾倒，但孫文選的是一條比洪秀全更壯烈的道路。

孫文

一九〇三年，孫文在東京開辦革命軍事學校，並加入清初就成立的反政府祕密組織洪門。加入洪門雖然能有效地與反清勢力結合，然而孫文自己、以及後繼者蔣介石，卻給人一種革命黨人神秘又陰沉的感覺，實在很可惜。

一九〇五年八月，「中國同盟會」成立，孫文被選爲總理，參加者包括了黃興、宋教仁、蔡元培等優秀人才。同時間，他和日本各界人士的交往愈來愈深，在各種層面上都獲得他們的理解與支持，而孫文三民主義（民族主義、民權主義、民生主義）的理論也在同時期發表，並引起廣大的共鳴。

一九〇六年至一九一一年間，同盟會在南方發動了多次武裝起義，這些行動有時暴露出革命有勇無謀的一面，犧牲了許多同志的生命，但他們最後還是對清廷造成決定性的一擊。

光緒、慈禧的死亡謎團

當孫文等人如火如荼地進行反清革命之際，紫禁城內也發生了一件大事——一九〇八年十一月十四日，光緒皇帝突然過世了，得年三十七歲。不可思議的是，隔天，慈禧也以七十三歲之齡辭世了。

這眞的是偶然嗎？事實上，我對這兩人的死抱著很大的疑問，而這個疑問最近終於被解開了。二〇〇八年十一月二日，北京公安局的法醫檢驗鑑定中心、中國原子能科學研究院、西陵文物管理處，以及中央電視台一起舉行記者會，公布了《清光緒皇帝死因研究報告》。根據這份報告，光緒皇帝的毛髮、遺骸和衣服中，都檢驗出濃度足以致死的砒霜，但至今還不知道是誰下的毒手。

雖說這只是我個人的推測，但嫌疑最大的還是慈禧。「我死之後，光緒一定會重掌政權，如此一來，四十八年來垂簾聽政的功績，將被全面推翻。只要讓他先死，就能阻止這件事發生。」這難道不是大限已到的慈禧，最佳的謀殺動機嗎？

第二名嫌疑犯非袁世凱莫屬。因爲一旦光緒皇帝重掌大權，一定會追究戊戌變法時他背叛光緒皇帝的罪。無論眞相爲何，都需要持續關注專家學者更深入的研究，才能獲得解答。

辛亥革命，袁世凱是最大贏家

光緒和慈禧死後，死神終於悄悄接近清朝。一九一一年十月十日，一萬七千人組成的湖北新軍與各地志士在武昌起義，而各省也響應此行動相繼宣布獨立，再加上這年的干支爲「辛亥」，因此武昌起義被稱作「辛亥革命」。

袁世凱

慌張、騷動的清廷任用袁世凱爲總理大臣，下令鎭壓革命軍，然而這只是清廷的垂死掙扎罷了。擅長權謀的袁世凱完全不想爲這個即將崩解的王朝擦屁股，他先策動占優勢的北洋新軍向革命軍施壓，以取得主導權，然後接受苦於調度物資的革命軍提出的停戰要求。

一九一二年的第一天，甫歸國的孫文在南京就任臨時大總統，並正式宣布中華民國成立了。

另一方面，北京的紫禁城裡發生相當大的騷動。年僅六歲的末代皇帝溥儀，還無法憑自己的想法決定進退，此時袁世凱果然進言：「這時不退位的話，也許會像法王路易十六世一樣，被送上斷頭台。」袁世凱一邊威脅朝廷，一邊狠毒地盤算著：「無論體制怎麼改，一定要把政權拿到手」。

二月十二日，溥儀正式退位。辛亥革命終結了清廷二百七十六年的統治，同時也爲歷時數千年的君主專制體制畫下了休止符。可是，剛剛誕生的臨時政府面臨嚴重的經濟危機，以及內部的意見分歧，更大的波瀾即將吞噬臨時政府。

第二部

革命爲什麼至今「尚未成功」？

第六章　中華民國與中國共產黨

革命尚未成功，同志請繼續努力剿滅軍閥……和共「匪」。

宋教仁成立國民黨

溥儀退位的翌日，孫文就向臨時參議院遞出辭呈，並推薦袁世凱擔任臨時大總統。此舉雖然導致舉國譁然，但事實上，辛亥革命時，革命軍與袁世凱之間就已經立下密約：如果袁世凱願意讓溥儀退位並擁護共和體制，就推薦他擔任大總統。

這樣的密約使得革命成果必須拱手讓給過去的敵人，未免過於草率，但評估當時雙方的實力，革命軍確實無法與袁世凱的北洋軍相抗衡，所以這也是不得不從的選擇吧。

就這樣，孫文只做了短短兩個多月的臨時大總統就讓位，讓袁世凱在北京就職。袁世凱堅持留在北京，是考慮到留在北洋勢力的巢穴可以不受革命黨的監視與牽制，還能掌握手中的權力。

隨著情勢的發展，有一個人感到很不安，就是同盟會的主要人物之一宋教仁，他曾經就讀於日本法政大學，對法制與議會制度知之甚詳。他認爲再這樣下去，中國會倒退回帝制時代。

一九一二年八月，宋教仁以同盟會爲中心，整合幾個小黨派成立了國民黨。宋教仁獲選爲國民黨的代理理事長，並爲了抑制袁世凱的獨裁傾向、實施內閣制而四處奔走。由於他的努力，國民黨於一九一三年初的國會選舉中得到壓倒性的勝利，而宋教仁也被認爲是領導內閣的最佳人選。如此說來，宋教仁算是中國第一個政黨——國民黨的創始者，也是領導中國從「結黨革命」邁向「政黨革命」的時代先驅。

國父讓國民黨成了叛亂組織

袁世凱打從心底憎恨國民黨的勢力擴大。「好不容易到手的大權，怎麼能容忍任何阻礙呢！」他先派使者到宋教仁身邊，企圖以金錢、保障個人地位等條件來說服他放棄內閣制，卻被一口回絕，袁世凱一怒之下終於伸出魔爪。

隔年三月二十日，宋教仁在上海車站中彈倒地，二十二日過世，得年三十一歲。事發後沒多久，孫文就從日本歸國，主張用武力討伐袁世凱，卻跟黨內意見發生衝突。

「我們應該繼承宋教仁的遺志，用法律、而不是用武力來解決這件事，何況國民也不希望發生戰爭，不是嗎？」但孫文沒有聽進黨內的意見，不顧同志的反對，發動南方軍討袁，卻短短兩個月內就宣告失敗，連他自己也必須儘速逃往日本。此事史上稱爲「二次革命」。

「二次革命」爲中華民國史的開頭染上不幸的色彩，事實上，當時暗殺宋教仁的刺客已經在上海租界被捕，根據搜查和審訊的結果，也公布了背後的主謀是北洋政府的國務總理趙秉鈞，使得全國上下一片譁然，趙秉鈞與其主袁世凱也上了新聞，於是上海地方檢察廳對國務總理趙秉鈞發了傳票，司法獨立的公權力達到前所未有的高點。

可是孫文沒有考慮這些，年輕時自稱「洪秀全第二」的他順著自己的脾氣行事，正好落入敵人袁世凱的陷阱，讓袁世凱以叛亂罪解散國民黨，並正式登上大總統之位、開始了他的獨裁體制。

這次的失利使得宋教仁盼望的法治制度與民主政治失去了發展的溫室，才剛剛從清朝的統治中解放的中國，又再度踏入戰禍連連的時代。

日本侵門踏戶，提出二十一條要求

一九一五年，中日關係再度惡化。前一年的七月，第一次世界大戰爆發，列強忙著在歐洲大陸互相廝殺，無暇顧及中國情況。八月，日本「第二次大隈內閣」（編按：指大隈重信第二次擔任日本首相所組的內閣）向德國宣戰，但戰場依舊在中國，目的是驅逐德國在山東半島的勢力，取得青島和煙台。一九一五年一月，日本藉口「增進中日親善關係，維護東洋永久和平」，向袁世凱政府提出一共五號的《二十一條》要求，主要內容如下：

第一號：日本繼承德國在山東的特權（共四條）。
第二號：承認日本在南滿州、東蒙古享有的優越權益（共七條）。
第三號：共同經營中國最大製鐵公司漢冶萍公司（共兩條）。
第四號：禁止將中國沿海的港灣與島嶼，租借、轉讓給外國（共一條）。
第五號：聘日本人做政治、軍事、財政顧問。中國警察與兵工廠進行中日合併，准許日本在中國南方享有新鐵路的鋪設權。（共七條）。

光看第一到第四號，就夠令人怵目驚心了，而第五號根本就是讓中國淪爲日本的藩屬國，中日關係史上，還沒出現過這麼可恥的國家利己主義（編按：指拚命追求民族利益，拋棄國際關係準則的外交政策）的產物。

就結果論看來，第五號雖然後來遭到國際反對而作罷，但日本還是針對其他四號要求，對中國政府下了最後通牒，強迫中國於五月九日之前答應。「最後通牒」就是如果不滿足日方的要求，就要走向戰爭一途的外交文書。

袁世凱建立中華「帝」國

五月九日，最後通牒當天，袁世凱召集各部會首長開會，泣訴說：「我國國力未充，權衡利害而不得不接受日本之最後通牒……大家務必認此次接受日本要求為奇恥大辱，本著臥薪嘗膽之精神，做奮發有為之事業。」

在他充滿悲憤的演說背後，藏著兩層可怕的陰謀。首先是袁世凱接受日本提出的《二十一條》要求，獲得日本的支持，打算進一步顛覆剛剛催生出來的共和體制、實現他復辟帝制的野心；接著，他上演了為國家利益與日本對抗、結果委曲求全地吞下日本屈辱的要求這齣戲，扮演悲劇英雄的角色，利用國民對日本的怒氣，悄悄登上帝位。

同年十二月十二日，袁世凱不顧全天下的反對，將中華民國國號改為「中華帝國」，並登基爲皇帝。然而他奇巧的陰謀不過是個誤算，如此背叛國民革命的行爲招致衆怒，從雲南開始，南方各地舉起反袁旗幟，史稱「護國戰爭」。

袁世凱本來以爲日本會爲他兩肋插刀，但日本卻因爲反對聲浪太過猛烈而不予理會，北洋軍內部也有不少將領認爲帝制已經過時，而忤逆袁世凱。隔年三月，失意的袁世凱終於取消帝政，宣布恢復民國大總統的職位，但人民的怒火已經無法消弭。就在國內外一片罵聲中，袁世凱鬱悶病倒，死於六月六日，得年五十七歲。

袁世凱的死使得北京政府和軍隊缺乏一個統領全局的人物，中國北方於是進入畫省爲王的軍閥時代。從一九一六年到蔣介石的北伐軍攻入北京城的一九二八年，這十二年間，段祺瑞所率領的皖系、馮國璋所率領的直系，以及張作霖所領導的奉系，憑恃著武力輪流在北京掌握政權。然而這三大系統都是從北洋軍系發展而來的，所以他們的政權統稱爲「北洋軍閥政府」。比起清末，這個時代更加混沌未明。

另一方面，先前的《二十一條》被視爲比以往的不平等條約更喪權辱國，所以從此定袁世凱允諾此約的五月九日爲「國恥紀念日」。

截至目前爲止，中國「民族主義」的趨勢已經從扳倒清廷、反抗以英國爲中心的殖民主義，開始轉爲反抗日本帝國主義。在某種程度上，二十年後爆發、並席捲全中國抗日戰爭的種子，可以說當時就已經擴散開來了吧。

新文化運動V.S.尊孔復古

在極端混沌不明的時局中，中國共產黨誕生了。關於這個部分，我想先從「新文化運動」開始說起。

袁世凱企圖恢復帝制時，他的御用文人打出「尊孔復古」的口號，也就是尊崇孔子的教誨、恢復古代的政治體制。如果是在半個世紀以前，光是這個口號就可以激勵知識分子與太平天國相抗衡了，然而隨著時代變遷，即便辛亥革命帶來不明的現況，「民主」與「共和」卻早已深植民心。

對復古肥皀劇感到憤怒而發起「護國戰爭」的同時，留日和留洋、在海外接觸過新思想的知識分子，也開始以文化爲武器討伐袁世凱。

陳獨秀就是這股風潮的中心人物。一九一五年九月，他在上海創辦《新青年》雜誌，一一糾正「尊孔復古」的觀念，並推廣民主與科學，這就是「新文化運動」。

許多思想家、教育家與文學家紛紛投入這項運動，他們打破「仁、義、禮、智、信」的儒家舊道德觀與舊文化，企圖根據民主政治和科學精神，建構新的文明社會。

順帶一提，中國第一本現代白話文小說《狂人日記》，就是魯迅（本名周樹人）於一九一八年五月十五日創作、並刊載在《新青年》上。

陳獨秀成立共產黨

在這樣的背景下，第一次世界大戰結束了，列強在法國巴黎召開和平會議。中國在一九一七年也向同盟國（德國、奧匈帝國等）宣戰，所以即便只有加入部分戰局，也還算參戰國中的戰勝國。儘管如此，列強卻無視中國的自主權，擅自決定將德國在山東的權益讓渡給日本。消息傳回中國後，受新文化運動薰陶、以及受俄羅斯革命影響的年輕學子感到十分激憤。

一九一九年五月四日，三千名大學生集結於北京的天安門廣場，打著「反日、反封建、反帝國主義」的口號示威抗議，史稱「五四運動」。

陳獨秀

魯迅

北京軍閥政府企圖鎮壓並逮捕人數眾多的學生，就連學生的精神領袖陳獨秀也被捕入獄。但這波浪潮並未平息下來，時節進入六月，上海發動大規模的工人大罷工，轟動全國，各界知名人士也開始聯名向政府的暴行表達抗議。政府只好屈服於野火燎原的抗議浪潮，不但釋放了被捕的人，趕走親日派要員，同時拒簽《凡爾賽條約》，以保住山東省的自主權。

六月中旬起，全國大罷工終於慢慢平息，但運動的影響卻非常大，後來陳獨秀及其友人李大釗開始接觸列寧成立的共產國際，試著從共產主義的角度思考救國之道。一九二〇年夏天，他們在陳獨秀上海法國租界的家裡成立了「中國共產黨」，由陳獨秀擔任書記。

一九二一年七月二十三日，中國共產黨第一次全國代表大會在上海召開，出席的十五人當中，有一位是湖南省長沙的代表——二十九歲的毛澤東。

孫文主導聯俄容共

孫文也受到五四運動的鼓舞，並有感於幾次仰賴地方軍人挑戰北洋軍閥，都以失敗告終。「因爲沒有自己的軍隊，導致革命無法成功。」孫文歸納出這個結論後，開始著眼於共產主義運動。一九二三年一月，孫文在上海與蘇聯代表阿爾道夫·越飛會談，開始正式接受共產黨的協助。

孫文接受共產國際的特派員鮑羅廷爲顧問，試圖依循蘇聯共產黨的模式重建國民黨，更於一九二四年一月舉行的中國國民黨第一次全國代表大會中提倡「聯俄容共」。

靠著蘇聯的援助，孫文在廣州設立黃埔軍官學校，首位校長正是留日、且有日本陸軍勤務經驗、又是孫文得意門生的蔣介石，並開始了史上的「國共合作」時代。值得注意的是，當時共產黨的優異成員可以擔任國民黨要職，卻在孫文死後成爲國共分裂的原因，這在當時任誰也想不到的。

然而，命運對孫文十分殘酷，就在萬事具備、即將開始北伐之前，他卻因爲肝癌病倒，於一九二五年三月十二日在北京與世長辭，得年五十八歲。

「革命尚未成功，同志仍需努力。」遺言中充滿了他一生革命的辛勞、辛酸與期待。

地主V.S.貧農，國共分裂

一九二六年七月九日，蔣介石繼承孫文的遺志，以國民革命軍（一九二八年北伐完成後改名國民政府軍，以下皆簡稱爲國民軍）總司令的身分開始北伐。十萬國民軍自廣東出發，勢如破竹地各個擊破了南方各省的直系軍閥。隔年三月下旬，成功地占領了南京以及上海。但這時候，國民軍內部

蔣介石

卻發生大規模的流血事件。

事實上，在北伐途中，各懷不同目的的兩個政黨對農村問題就不斷發生摩擦，北伐軍的中堅分子與國民黨高層組成的將領多半是地主出身，而加入北伐行列的共產黨的目標，卻是以貧農與佃農爲主要勢力、撲滅地主階級的農村革命。毛澤東在一九二七年三月的《湖南農民運動考察報告》中就說：「革命是暴動，是一個階級推翻一個階級的暴烈的行動。農村革命是農民階級推翻封建地主階級的權力的革命。」

「打倒地主！瓜分土地！」以此口號爲目的的暴力革命，受到貧農階級壓倒性的支持，而國民黨中上階層會強力反對，也不足爲奇。

槍桿子出政權，毛澤東出線

國民軍不可能一邊以命相搏地進行北伐，一邊消滅自己所屬的階級。實際上，當時農村裡有許多地主被奪去財產，甚至因此喪命，使得雙方原本激烈的對立更加深化，連國民黨內部也出現了左右兩派。右派領袖想當然耳就是國民革命軍的總司令蔣介石，他動員了直屬部隊與青幫，在上海針對共產黨進行「清黨」。

一九二七年四月十二日，出其不意被攻擊的共產黨，共有三百人傷亡、一千人以上遭到解除武裝、逮捕、處刑，使得上海被恐怖包圍。「清黨」甚至波及全國各地，進一步奪去數千人的生命。此時的中國共產黨正面臨著生死存亡的危機。

至於國民黨左派領袖、同時也是孫文愛徒的汪兆銘（號精衛），其大本營原先設在武漢，他彈劾因「清黨」而奔走的蔣介石，想要保護共產黨，但態度卻瞬間丕變。據說當他知道共產國際的代表鮑羅廷，指示共產黨要將國民黨的武漢政府改爲共產主義獨裁機構後，才改變態度的。七月中旬，他決定跟右派合作，一起揪出共產黨。

處於危機中的共產黨爲了生存必須展開激烈的戰鬥，於是穩健派的陳獨秀被卸下書記的職務，取而代之的是「槍桿子出政權」的毛澤東，而他的理論在黨內也愈來愈有影響力。

同年八月一日，共產黨員兼國民革命軍第九軍的副軍長朱德，在南昌舉起反蔣的旗幟，九月，毛澤東也在江西井岡山建立了革命根據地。兩支部隊於隔年四月在井岡山會合，由朱德擔任司令官、毛澤東爲黨代表，成立了「中國工農紅軍」，此後共產黨開始對國民政府發動武裝抗爭。

少帥易幟，中國統一……了嗎？

同一時間，蔣介石眼見清黨已經告一段落，便自一九二八年四月開始再度北伐。在山東濟南，日軍因為不願見到國民黨完成統一而進行武力妨礙，蔣介石因此不得不避開濟南。而即便他必須一邊清除內部的害蟲，一邊北伐，還是在六月擊潰了接受日本支援、堪稱實力最強的張作霖奉系軍，並抵達北京。

另一方面，六月四日，日本關東軍於瀋陽附近的皇姑屯炸死了張作霖。之所以不讓過去的「盟友」繼續生存，據說是因為他敗給蔣介石之後，就失去利用價值了；但一般認為，主因可能是馬賊出身的張作霖，因為東北逐漸升高的抗日情勢，終於擺出了抗日的態勢。

關東軍在皇姑屯的暴行，引來張作霖的兒子張學良的反感。二十八歲的張學良直接宣布歸順國民政府，年底時更將北洋政府的五色旗改為國民政府的「青天白日滿地紅」旗，史稱「東北易幟」。從廣東出發後歷經兩年五個月的時間，北伐軍獲勝，中國終於南北統一。

中原大戰，顯示你無法治國

雖然完成統一，蔣介石卻感受不到喜悅，反而愈來愈不安。北伐之前，全國的軍隊人數為一百四十萬；北伐結束時，人數就高達二百三十萬人。養這些兵的所需經費，甚至超過國家的總收入。再加上儘管戰爭結束了，北伐軍卻各自占領所在的區域，開始施行統治。

「再這樣下去，就算哪一天倒退回軍閥割據的時代也不奇怪，一定要想想辦法。」一九二九年一月，蔣介石在南京召開「編遣會議」，意圖裁軍，但西北的馮玉祥、山西的閻錫山、廣西的李宗仁等人都不甘軍事勢力被削弱，沒多久中國就再度煙硝四起，到翌年十一月間，連續爆發了「蔣桂戰爭」（蔣介石對李宗仁）和「中原大戰」（蔣介石對馮玉祥、閻錫山、李宗仁）。

這兩場戰爭除了死傷軍人多達三十萬人，南京政府也幾乎快要陷入破產。雖然這兩場戰役蔣介石都打贏了，但他身為領袖的政治能力和氣度都遭到質疑，因為他遇到問題都用武力來解決。在其後的抗日戰爭和國共內戰，中央和地方、直屬部隊和雜牌軍之間的信任危機，還是糾纏著他，最後終於招致敗北的下場。

二千九百座碉堡剿共奏效

讓各系軍閥沉寂了一年之後，蔣介石終於開始剿共。一九三〇年十月，他派遣十萬大軍挺進江西，對紅軍的根據地進行「第一次大圍剿」。

應戰的是紅一方面軍（又稱中央紅軍，與紅二方面軍和紅四方面軍並稱中國工農紅軍三大主力部隊），人數約有四萬。儘管人數和裝備都處於劣勢，但他們遵照毛澤東的戰術，引誘敵人深入內地後集中兵力猛攻敵人的致命弱點，讓國民軍前線總指揮張輝瓚完全落入紅軍陷阱，並且被俘虜，「第一次大圍剿」短短兩個月就宣告徹底失敗。

曾經留學日本與德國的張輝瓚沒多久就被槍殺了，他是國共內戰中第一個喪命的國民黨高級將領。他的頭被紅軍砍下來後丟到河裡，之後在蔣介石的命令下厚葬於故鄉長沙嶽麓山。他的墓在文革時遭到破壞，近年才由當地政府重建。許多可憐的人過世後還是繼續受到政治風波的操弄，他就是其中之一。

然而，若是比較兩軍的勝負，可以發現一些明顯的差異：

一、國民軍因爲規模龐大，所以動作較遲緩；而共產黨因爲人數較少，動作較俐落，很適合游擊戰。

二、國民軍幾乎都是前北洋軍閥部隊，不習慣南方的氣候和地形；而共產黨除了熟知氣候和地形，更受當地貧困階級的支持。

三、國民軍是從自各地集結而來的，比較缺乏團結。共產黨因爲攸關生存，將領之間的情感聯繫較強。

不過，蔣介石不會因爲一次失敗就放棄。從一九三一年四月到一九三二年六月，他連續進行了「第二次大圍剿」、「第三次大圍剿」、「第四次大圍剿」，全都以失敗告終，特別是一九三一年七月開始的「第三次大圍剿」進行到一半時，東北發生了九一八事變；儘管如此，蔣介石卻主張「要攘外必先安內」，一點也不打算放慢內戰的腳步。一九三三年十月，蔣介石不顧國內的批評，率領百萬大軍進行「第五次大圍剿」。他以先前的失敗爲教訓，提出「三分軍事、七分政治」以安撫民衆，同時對共產區域實施徹底的經濟封鎖，之後也遵從德國軍事顧問的建議，所到之處便建構碉堡，一步步收起包圍網。根據統計，當年年底包圍江西省共產地區的碉堡竟然有二千九百多座，碉堡與碉堡之間，可以用火力相互支援，蔣介石得意洋洋地把這種戰術稱作「點與線的戰術」。

跟蔣介石的謹慎行事恰恰相反，共產黨被先前的勝利沖昏了頭。黨的新領導王明及其代理人遵從共產國際的指示，放棄毛澤東的游擊戰策略，對國民軍展開陣地戰，結果當然是落得慘敗的下場。因爲從正面突擊的話，人數與裝備便可以發揮決定性的力量。

萬里長征，毛澤東重獲領導權

一九三四年十月，正好是開始「第五次大圍剿」後即將滿一年，蔣介石終於攻下共產黨的根據地瑞金。再度面臨存亡關頭的共產黨，儘管費盡心思，還是不得不放棄建構至今的根據地。

十月，紅一方面軍、紅二方面軍、紅四方面軍集結起來，總數約二十萬人，突破了國民黨的封鎖線，一邊高喊「北上抗日」，一邊以陝西、甘肅的根據地為目標，開始慘烈的長征之旅。長征是耗時兩年、走遍兩萬五千公里路程的戰略性移動。為了躲避國民軍的追擊，他們甚至翻越人煙罕至的大雪山、草原、荒野，走在沒有開拓的道路上。

紅軍經過作戰、飢餓、疾病、嚴酷的自然環境等難以想像的考驗，在一九三六年十月，終於陸續抵達目的地，但最後只剩下五萬多人。儘管如此，紅軍還是以「北上抗日」為口號，這是為了即便身處劣勢，也不想讓輿論倒向蔣介石而採取的終極策略。

因為篇幅的關係，在此省略長征的相關敘述。不過我要稍微介紹一下「遵義會議」，這個會議被視為共產黨史的一個轉捩點。

一九三五年一月，疲累不堪的紅軍進入貴州遵義之後，在此休息了整整十天。在此期間，為了改善、提升戰略而召開了遵義會議，毛澤東獲得周恩來和朱德支持，再度確立了領導權。

第七章 國共一邊抗日、一邊內戰

國共內鬥與對抗日本，哪一件事比較重要？

田中奏摺假的，野心眞的

甲午戰爭爆發前的明治二十二年（一八八九年），日本內閣總理大臣山縣有朋，提出以國家領土爲「主權線」、朝鮮爲「利益線」的大陸政策，並主張爲了維護國家的主權與利益，擴張軍備勢在必行。

先不論「主權線」的定義爲何，所謂的「利益線」，其實就是日本想利用甲午戰爭的勝利「前進」滿州的野心。自此之後，日本根據山縣有朋的大陸政策，經歷了「三國干涉還遼」、「日俄戰爭」、「二十一條」等事件，已經深陷國

田中義一

家利己主義的欲望漩渦，讓歷史的齒輪失控地轉動。到了一九二〇年代後期，「利益線」終於隨著日本不斷膨脹的野心，變成「滿蒙生命線」了。

一九二七年六月二十七日，甫上任的日本首相田中義一在東京召開「東方會議」，出席者都是當時軍事、政治、外交界的重要人物。積極推動「對華強硬外交」而廣為人知的極右派政治家、外務政務次官森恪也出席了。日本根據會議結果提出《對華政策綱領》，其主要內容如下：

一、滿蒙分離主義：將滿蒙從中國領土切割出來，納入日本的勢力範圍。「滿蒙」是指滿州與內蒙古的東部區域，面積約是日本領土的三倍大。將他國的領土切割出來、納入自己的勢力範圍，比起擅自花掉別人的錢，是更令人瞠目結舌的事。對於戰後六十多年來努力建設和平社會的日本國民而言，這或許相當難以置信，但在那個帝國主義橫行的年代，公開發表這種言論，卻完全不必感到羞恥。

二、欲征服中國，必先征服滿蒙；欲征服世界，必先征服中國。我不得不說，這樣的野心真是太令人震驚了。我不想辯論「田中奏摺」的真偽（相傳為東方會議的祕密記錄，但已證實是偽造），只是將當時流行的標語「八紘一宇」（意思是「天下一家」），以及關東軍事參謀石原莞爾提出的「世界最終戰論」拿來一起比較的話，這項大陸策略還是很令人在意。

「八紘一宇」就是用武力統一全世界，而「世界最終戰論」是石原莞爾想像東亞盟主日本，在與美國決戰之後，實現統一全世界的理想。這種想法令人震驚的程度，與田中奏摺不相上下，而且內容是新正堂於一九四二年出版發行的，因此完全不必辯論是眞是假。

最重要的是，在這之後，日本所走的軍國主義路線，主導了九一八事變、中日全面戰爭、太平洋戰爭等瘋狂戰爭的發生，很難不將其聯想成是爲了實踐「田中奏摺」。

我們甚至可以說，就算這個奏摺是僞造的，但當時日軍確實存在這種想法。而且，裡面有一位當事者——派駐中國的大使重光葵，在看過奏摺之後，也感慨地說：「之後的東亞情勢，以及日本根據情勢所採取的行動，完全照著田中奏摺來執行，所以要澄清其他國家對這份奏摺的猜疑，是很困難的。」（見《昭和的動亂》，重光葵著。）

張作霖

自導自演「柳條湖事件」

召開「東方會議」後的隔年六月四日，關東軍的大佐河本大作一行人，暗殺了曾爲盟友的張作霖。他們想趁著張作霖之死、東北陷入混亂之際，一舉鎮壓全滿州，卻因爲張學良的反應而無法實現。

張學良接手父親的權勢後，馬上發表歸順國民政府的宣言，以維持東北的安定。從傳統的倫理道德觀念來看，殺父之仇是不共戴天的仇恨。但他沒有訴諸武力抗爭，而是在南滿鐵路附近鋪設新的鐵路設施，提供更優惠的運輸價格，來破壞日本鐵路壟斷市場的局面。此舉讓關東軍暴怒不已。關東軍心想：「如果他堅持反抗，那只好將他趕盡殺絕！」憤怒是狂傲與陰謀最好的引爆劑，接下來，日軍只要巧妙編造侵略的藉口就行了。

一九三一年九月十八日晚上，河本末守中尉率領的虎石台獨立守備隊，有一支分隊靜悄悄地離開了駐紮地，趁著夜色往南而行。他們抵達距離奉天約七．五公里的柳條湖後，用炸藥炸毀了一小段南滿鐵路，這是晚上十點二十分左右發生的事情。

柳條湖爆炸現場

爆炸現場附近，就是中國東北軍駐紮的北大營。河本一行人射殺了因爲聽見爆炸聲而出來查看的三名士兵，把遺體拖到鐵路旁，僞裝成破壞鐵路的犯人。這就是引發

「九一八事變」的「柳條湖事件」。策劃這件事的不是別人，正是關東軍的軍事參謀石原莞爾。

把犯罪現場布置完以後，關東軍馬上展開侵略行動。北大營裡超過一萬人的東北軍於睡夢中被吵醒，還沒搞清楚狀況，就被只有五百人的關東軍給擊潰了。

隔天起，關東軍在完全沒有遭遇頑強抵抗的情況下，先是占領了奉天、營口等十八個城市，至二十一日時，已經將遼寧、吉林幾乎占為己有。攻陷遼寧省省會奉天時，關東軍甚至沒有請示日本政府，就擅自任命「奉天特務機關長」的土肥原賢二為市長。這種行徑已經不只是穿著鞋子走進別人家裡的失禮程度，而是把屋主趕出家門後、自己取而代之的過分行為了。

外侮待不久，內患會要命

對於關東軍的暴行，中國各方面的領袖是以何種心境看待、又打算如何應對呢？先來看看蔣介石吧。九一八事變發生的兩個月前，他在江西坐鎮指揮對紅軍發動的「第三次大圍剿」。七月二十三日，他發表了《告全國同胞一致安內攘外書》的演說，主張攘外必先安內，想要抵禦外侮，必須先安定國內局勢。這等於是熱切地向全國人民宣告，內戰將會持續進行，也就是說，只要內敵不被殲滅，就無法對抗外侮。蔣的個性是一旦確立了某種理念，不堅持到最後絕不輕言放棄。

九一八事變發生後，他在國民黨的大會上還是繼續呼籲：「先以公理對強權，以和平對野蠻，忍痛含憤，暫取逆來順受之態度，以待國際公理之判斷。」

從這些談話當中，可以整理出兩個核心思想。一是對內患毫無寬赦餘地，一定要徹底擊潰。二是對外侮的挑釁無論如何都要忍耐，以獲得國際輿論的同情，並等待國際聯盟的介入。

從這兩個核心思想，可以看見蔣介石「內敵比外侮危險」這種陰險兇狠的政治謀略。其實這種思想不是蔣介石發明的，而是中國主政者數千年來的迷思，認爲以中國領土之廣大，即使有外敵入侵，只要不失去民心，總有一天一定可以收回失土；但內患是發生在國家內部，如果讓對方陰謀得逞，一定會被篡奪權力，甚至性命堪虞。抗戰結束後，蔣介石馬上和日本和解，卻跟一起並肩抗戰的共產黨，再度陷入水火不容的關係。這種情況完全符合上述的主政者心態。

此外，蔣介石曾經在日本學過軍事，所以比任何人都清楚中日之間的武力懸殊。「即使所有黃埔軍校培育出來的菁英將士加起來，也拚不過日本的軍事實力。如果現在回應對方的挑釁，讓自己的人馬與之對抗，就太有勇無謀了，不只長年經營的心血將化爲泡影，還會危及自己的政治生涯。現在除了忍辱負重、等待國際裁決，別無他法了。」

每當與日本有所接觸，蔣介石的內心便不禁陷入痛苦掙扎的漩渦。「北伐的時候，日本曾經在濟南發難阻撓。如今正是專心討伐共匪（蔣對共產黨的蔑稱）的重要時刻，日本又在東北引起動亂。濟南慘案後，我不是已經對日本一再忍讓了嗎？即使如此，日本還是一再相逼。總有一天我們一定會兵戎相接，但絕不會是現在。現在最重要的是給共匪致命的最後一擊……。」也就是說，日本軍隊雖然可憎，但相較之下，共產黨更無法放任不管。

對蔣介石「攘外必先安內」的策略，共產黨則是提出「抗日必先反蔣」，這個口號意味著要跟蔣介石正面交鋒，眞是令人惋惜，此時對國共兩黨來說，雖然面臨國家存亡的關頭，黨的利益卻才是他們優先想要維護的。

不給人力物資，卻要我英勇抗敵

那麼，在國共兩黨互相敵對的情況下，東北實際上的掌權者張學良，又如何對應呢？

事實上，張學良從中原大戰以後，就深獲蔣介石的信賴，官位升到中華民國陸海空軍副總司令，權力可說是僅次於蔣介石，跟蔣介石親如換帖兄弟。不過，雖然張學良不可能不受蔣介石「先安內再攘外」的政策影響，但應該如何對付日本，張學良自有一套觀點。

張學良從小在東北出生長大，從小就聽著家鄉父老訴說甲午戰爭與日俄戰爭的往事。每每遭到外敵侵略，國內總是會分成議和與主戰兩個壁壘分明的立場。在大部分的情況下，議和派一定會被輿論批評為「賣國賊」。雖然如此，正面迎戰卻不一定能贏得榮耀。鴉片戰爭以來，中國與列強之間發生了非常多次的摩擦衝突，但每次居於弱勢的中國採取激烈的反抗行動時，得到的卻總是更殘酷、更屈辱的損失。

「如果是我的話，該怎麼做才好呢？」身為張作霖的繼承人，他常在心中反覆思考這個問題。但不管怎麼想，始終都沒有解答。他二十八歲就成為奉系軍閥的首腦，因為殺父之仇與身為中國人的民族意識，決定歸順國民黨。雖然為了抵擋日本的威嚇，決定興建鐵路來切斷日本對市場的壟斷，可是如果要採取更進一步的敵對行為，卻是非常危險的，必須嚴格自制才行。

因此，除了受到蔣介石「攘外必先安內」政策的影響，在九一八事變爆發前夕，他也從北京向東北軍下了這樣的命令：「不管日本人怎麼挑釁，我方都必須忍耐。絕對不能表現出反抗的態度，或給他們引起事端的藉口……現在雙方開戰的話，我方必敗。一旦戰敗，日本一定會像先前那樣要求割地賠款，果真如此，東北將承受萬劫不復的痛苦……。」

「萬劫不復」是佛家用語，意思是人一旦墮入地獄，雖經萬次世界毀滅那麼久的時間，也很難投胎爲人，引申爲無法挽救的行爲或命運。甲午戰爭後的《馬關條約》就是現成的教訓，因此，張學良雖然才三十一歲，照理說應該血氣正盛，卻總是謹慎地反覆思量，才會採取行動。

九一八事變發生當晚，兵力超過一萬人的北大營被區區五百人的日本軍隊擊潰，除了平日的訓練、裝備乃至鬥志等條件皆不如敵人外，張學良下令東北軍不准反抗，也是原因之一。

此外，九一八事變的三個月後，蔣介石在國民黨的內部鬥爭上失勢，暫時請辭下野，由行政院長孫科（孫文的兒子）與汪兆銘取而代之，他們輕率地下令：「開戰！死守東北！」但卻完全沒有提供任何人力物力上的支援。

「意思是要我們東北軍，自己想辦法跟日本抗戰嗎？」不只張學良對此感到不平，部下怒不可遏的抗議聲浪更是此起彼落。「國民黨那些高層，根本就想利用跟日本的戰爭，來消耗我們的戰力吧。」張學良在政壇唯一的後盾蔣介石垮台後，被國民政府高層和部隊手下的怒氣包夾，在孤立無援的情況下，終於變得消沉起來。

此後過了六十年，張學良接受ＮＨＫ的專訪，對於事變發生當時的想法，曾經發表以下談話：「我認爲戰爭不符合日本政府的利益，覺得日本政府一定會出手阻止關東軍。」這段話聽起來完全合乎邏輯，但其中有著非常大的誤判。

犬養毅

軍方殺了首相，全力侵華

九一八事變發生後隔天，日本的若槻內閣召開了緊急會議，並於二十四日提出以下方針：「要努力避免事態繼續擴大。」但關東軍卻以自衛爲藉口，無視於內閣的決議，與擅自越境、林銑十郎率領的朝鮮軍會合，繼續擴大戰線。日本國內各大報對關東軍的行動大力讚揚，輿論也因此轉向支持九一八事變。

若槻內閣提出的「不擴大事變方針」，與外務大臣幣原提出的「國際協調主義外交政策」因此大受挫敗，並造成十二月十一日內閣集體總辭。內閣倒台隔天，親近儒學思想、已經七十七歲的犬養毅就任爲第二十九任首相，但因其對軍隊暴亂的行動流露憂慮與不滿的態度，上任五個月後便在首相官邸，被一群海軍青年將校與陸軍軍官見習生射殺身亡，史稱「五一五事件」。

之後，事態朝著愈來愈瘋狂的方向發展。參與事件的犯人被軍事法庭以叛亂罪起訴，但審判之前，法庭收到一份由三十五萬人聯署的血印書，請求法庭對犯人從寬發落，結果犯人從輕量刑，數年後即被釋放，而且之後都在滿州擔任要職。

即使射殺了現任首相也從輕發落，這種難以置信的誇張事態震驚了日本的政治家。對軍方的強勢威嚇，他們只能噤口不語，當中還有人爲了避免被襲擊，而私下求購祕密宅邸。政府的牽制力喪失，大大增加了軍方的權勢。就這樣，「五一五事件」象徵當時日本政黨內閣的結束，宣告日本軍國主義的蓬勃興盛。

因此，張學良的期望落空了，日本政府終究沒能牽制關東軍的行動。相反的，他們因爲朝鮮軍的增援而軍力大增，開始入侵滿州北部，並於隔年二月五日攻陷哈爾濱。至此，東北三省已經全境淪陷。張學良因爲家鄉失守，被人民辱罵爲「不抵抗將軍」而日漸消沉。這樣的意志消沉一直到數年後，他發動那件改變國家命運的事件爲止。

抗日是英雄，抗命就放逐

關東軍再勇猛，也有必須煩惱的事——如果持續以武力鎮壓滿州，一定會招致國際輿論的譴責。事實上，在第一次世界大戰結束後，國際情勢已經產生變化：一九〇二年簽訂的日英軍事同盟已經廢除，美國掌握了國際社會的主導權，全力加強與英國之間的關係，同時對日本侵略滿州的野心愈來愈感到焦躁不安。

「要怎麼做才能避免美英的反制？」關東軍想到的辦法是成立傀儡政權，假裝關東軍是應他人「請求」，才將滿州「納入日本勢力範圍」。

一九三一年年底，日本駐上海的武官田中隆吉與川島芳子接受關東軍的委託，在上海暗中策畫一件翻天覆地的大事。他們雇用了中國籍殺手，襲擊上海馬玉山路（今楊浦區營口路）上的日本僧人。僧人的死訊一發布，上海的日本僑民怒不可遏地揚言報復，並襲擊華人街，結果傳出更多死傷人數。中日雙方平日壓抑的敵對情結瞬間爆發，最後終於如田中與川島所願，緊張的情勢升高為軍事衝突。

一九三二年一月二十八日的深夜，二千三百名日本海軍陸戰隊，在裝甲車的掩護下從北四川路出發，向駐紮在天通庵的國民軍發動攻擊。天通庵的國民軍是九一八事變後被派駐到上海的十九路軍。

十九路軍的總指揮蔣光鼐與司令官蔡廷鍇，以及大部分的將領，都是廣東黃埔出身，北伐時因爲屢建戰功，被譽爲「鐵軍」。他們對蔣介石的「不抵抗政策」早就按捺不住，立刻正面回應日軍的襲擊，這就是一二八事變的開端（日本稱爲上海事變）。

雙方的交戰持續了三十六天之久，而且隨著時間的推移，戰況愈演愈烈。一月三十一日，日本海軍第三艦隊投入戰局，計有巡洋艦四艘、驅逐艦四艘、航空母艦二艘，以及七千名海軍陸戰隊加入，之後更從日本本土抽調第十一師團與第十四師團組成「上海派遣軍」來到中國。至二月底，上海戰場上的日本軍隊已經達到七萬人之多。

另一方面，國民軍也得到政府支援而增兵至五萬人，下野的蔣介石爲了重返政壇也派了直屬部隊參戰，以示抗戰的意願。即使如此，日軍從海陸空發動的攻勢還是造成慘烈的戰況。國民軍無論人數或裝備皆居於劣勢，三月二日又遭到日本第十一師團夾擊，在腹背受敵的情況下開始敗退。

然而，中日的激烈衝突導致長江航運中斷，列強在華中地區的經濟權益因此蒙受巨大損失。三月下旬開始，英、美、法、義等國開始對交戰雙方施壓，在列強的調停下，雙方於五月五日簽署《上海停戰協定》。根據該協定，日軍必須返回戰前防區，撤退到上海共同租界區以及虹口一帶的越界築路區；國民軍則必須退至京滬鐵路上的安亭鎮至長江邊的滸浦一帶。

然而，就在執行協定內容時，發生了一件難以理解的事。被中國人民視爲抗日英雄十九路軍（謝晉元與八百壯士就隸屬此軍），被解除了在上海防守的任務，調到遙遠的福建去。從目前得到的中國史料來看，這是國民政府屈於日本的壓力，不得已所做的痛苦決定，不過也有說法指出，這可能是蔣介石成功重返政壇之後，爲了將反抗命令的軍隊撤離上海這個國家經濟中樞，所採取的手段。

在這之後，十九路軍繼續加深反蔣的色彩，不久後便於一九三三年十一月在福建成立「中華共和國」，打算推翻國民黨的政權。這種做法無疑會惹毛蔣介石，蔣介石立刻高喊「攘外必先安內」，差遣大軍進攻。這場戰爭等於是以卵擊石，剛成立不久的「中華共和國」瞬間就被擊潰，蔣光鼐、蔡廷鍇等人不得已只好亡命海外。

中華人民共和國成立後，兩人都回國擔任政治協商會議的要職，但蔣光鼐在文革初期就被迫害而死。雖然在戰場上逃過一死，卻還是敗倒在政治鬥爭中，蔣光鼐無疑是一名悲劇英雄。

根據一二八事變後的統計，日本戰死七百六十九人，負傷二千三百二十二人。而中國軍隊的罹難人數則有一萬三千人，當地居民的死亡人數爲六千零八十人，負傷約有二千人，行蹤不明者則有一萬多人。

滿州國：日本的愚行

看到這樣的傷亡數字，順利完成任務的田中隆吉與川島芳子得意不已。他們之所以策畫一二八事變，是爲了轉移國際對滿州的關注。就在兩軍於上海交鋒、英美居中協調的同時，關東軍已經趁機在滿州成立了傀儡政權，更在一年後悄悄擁立清朝的末代皇帝溥儀，即位爲滿州國的皇帝。

從狹隘的戰術層面來看，這項行動或許算是成功。滿州本來就是清朝王室的發祥地，如果回到滿洲發展，一定會受到歡迎，獲得暫時的安定。但是從廣義的戰略層面來看，我卻不得不說，這個愚蠢的舉動一定會招致失敗。

因爲清朝統治中國的二百七十六年中，滿州已經完全融合爲中國的一部分，無論是誰要將其切割出來，並歸順日本，都只會繼續加深中國人民的反日情緒，更不用說清朝王室早已滅亡，推舉滿清的末代皇帝即位，試圖矇住天下人的眼睛，這種做法只會招來明眼人嘲笑。

溥儀

另外，我們從國際的反應來看，更是無法讚揚這種做法。一九三二年十月二日，國際聯盟派了李頓調查團，花了三個月的時間進行實地調查，最後提出不承認滿州國合法性的《國際聯盟中日爭議調查委員會報告書》，並於隔年二月二十四日，日內瓦召開國際聯盟臨時總會，以四十二票對一票（日本）的壓倒性票數決議通過（當時的暹羅，即今日的泰國，投下了棄權票）。

國聯的日本首席代表松岡洋右，在會場發表了反對決議的聲明後旋即離開，一個月後，日本宣布退出國際聯盟，這件事間接促成了德義日三國結成同盟，日本終於開始朝著第二次世界大戰的道路狂奔而去。

盧溝橋事變前已開始抗日

占領滿州後，日本下一個目標就是東三省與華北之間的中間地帶：熱河（中華民國的熱河省，中共建國後撤銷，分屬河北、遼寧和內蒙）。

一九三二年十二月二十三日，蔣介石在日記中寫下一段話：「倭寇攻熱，必不能免，恐不出此三個月之內。」結果他的憂慮不到三個月後就發生了。一九三三年一月，關東軍糾集了十萬人的滿州國軍隊開始西進，擊敗駐守在熱河的東北軍，並攻陷熱河的省會承德。接著，日軍更往西占領了察哈爾的重要據點多倫，但遭到「察哈爾民眾抗日同盟軍」的激烈抵抗而撤退。這支軍隊是中原大戰敗在蔣介石手下的馮玉祥所建立的。

另一方面，北京與天津的抗戰行動也愈演愈烈。出面迎擊日本軍隊的是國民軍第二十九軍，二十九軍的司令官是馮玉祥的前部屬宋哲元，他奉令駐防長城喜峰口與古北口等要隘，與日軍浴血奮戰，直到五月中旬後國軍犧牲慘重，才獲令撤退到北京東北方的順義。

馮玉祥

宋哲元

順義距離北京只有短短三十公里，中國政府不得已只好要求停戰，正好日本才剛宣布退出國聯，如果繼續招惹列強不滿，對情勢極爲不利，因此雙方便於五月三十一日簽訂了《塘沽協定》，其內容如下：

一、國民軍隊撤出河北的東北地區。

二、日軍爲證實前項條約的實行情形，得以軍用飛機進行監察。

三、日軍撤退至長城線以北。

四、長城線以南及國民軍的撤退區域，由國民政府的警察機關負責維持治安，但是不可起用刺激日軍情緒的武力團體。

簽下《塘沽協定》，國民政府等於正式承認除了滿州，熱河也落入日本手中。六月上旬，中國軍隊撤退至協定所規定的防線，日軍的第六、第八師團也退至長城以北，卻將第十四旅團留在密雲（北京的東北方），並讓騎兵團駐留在玉田（北京的東方），理由是為了監察中國軍隊。值得注意的是，這些部隊都參與了四年後的盧溝橋事變。中日的全面戰爭的契機，就這樣緩慢而寧靜地醞釀著。

救救紅軍，請共同抗日

當長城一帶正在上演激烈的攻防戰時，蔣介石也在江西對紅軍展開「第五次大圍剿」。一九三四年十月，就快要溺斃在「不抵抗將軍」罵聲中的張學良，受命前往西北，負責對紅軍在陝北的根據地發動包圍戰。可是東北軍士氣低落，不但沒有重挫紅軍，反而屢戰屢敗。部隊裡厭戰的聲音不時傳入張學良的耳中，讓他陷入更深的困惑。

「日軍明明正在蹂躪我們老家，我們卻得大老遠跑到西北來，跟同是中國人的紅軍相互廝殺。一樣是戰死，我寧可為了守護家鄉而死……。」每每聽到這類厭戰不滿的話，這些錐心的想法就會縈繞在張學良的心頭。終於，他對蔣介石「攘外必先安內」的策略，開始投以懷疑的目光。

就在這時候，中央紅軍結束長征，率先抵達陝北的根據地。因為路程太過艱苦，他們的兵員只剩不到一成，而且儘管疲憊不堪，還是必須馬上面對國民政府對他們的包圍戰。

就在這個危急存亡的關頭，共產黨打出他們最擅長的政治攻勢。一九三五年八月一日，他們以中華蘇維埃共和國中央政府的名義，發表《為抗日救國告全體同胞書》：「呼籲各黨派與軍隊放下對彼此的歧見，共同抗日。」宣言更進一步提出「成立國防政府」的訴求，並宣布中國共產黨的軍隊願意接受此政府的領導，共同抗日。

這份宣言立刻流傳到全國各大城市，引起廣大的迴響，當然也讓苦惱不已的張學良，心裡更掀波瀾。「這樣的言論才是正確的。如果繼續跟中國同胞廝殺，我們都會變成歷史罪人，一定要好好想清楚……。」

一九三六年四月，張學良在非常機密的狀態下跟共產黨的領導周恩來會面，並約定「停止內戰，共同抗日」。張學良對自己的決定興奮不已，彷彿再度看見前途的曙光。

他拿出一大筆個人私款餽贈紅軍，作為冬季補給物資的費用，然後專心等待時機到來。

爲什麼西安事變改變了中國

命運的時刻，終於來了。

一九三六年十二月四日，蔣介石對陝北戰線一直沒有動靜再也按捺不住，決定親赴西安督軍。張學良與第十七路軍的總指揮楊虎城一起提出「停止內戰」的建言，但蔣介石不但不聽，還斥責兩人：「再不發動攻擊，就把你們送到福建、安徽去。」兩人對蔣介石的固執已見只能啞口無言，在結束會面時下定決心。「現在只能採取行動了。」

十二月十二日的黎明，張學良與楊虎城急襲蔣介石駐蹕的臨潼（位於西安東北方），蔣介石與心腹約有十餘人被捕，這就是改變中國命運的「西安事變」。事變發生後，宋美齡、何應欽、宋子文、陳立夫、孔祥熙、孫科、周恩來等重量級人物，先後登場，演出一場令人目不暇給的政治交涉戲碼。

先是扣押蔣介石的東北軍和西北軍中出現「殺蔣」的聲音，但在張學良和楊虎城的推動說服下，大家的意見才逐漸朝談判的方向統合。

另一方面，在南京政府這邊，以國民軍代總司令何應欽爲首的親日派，傾向於以武力解決。他們立刻派出軍隊，甚至在西安周邊進行轟炸。老實說，如果蔣介石被殺而造成國家政策急遽改變，對他們來說也是非常不利的。相較於他們，以蔣夫人宋美齡爲首的一派，則是希望和平解決，並多方奔走、進行遊說。

那麼，蔣介石的宿敵、也就是共產黨方面，又是如何思考的呢？

事實上，聽說當時紅軍的根據地延安，已經架好公開審判蔣介石用的審判台。但他們還是決定留蔣介石一命，因爲他們最終決議，如果要一起抗日，蔣介石還是不可或缺。另一方面，如果蔣介石一死，使得政權落到何應欽這種親日派手上的話，一定會危及共產黨的存續。

就在各派與各方的想法錯綜交會當中，宋美齡毅然決然地於二十二日來到西安。在與張學良、楊虎城不斷會談後，終於整合出五項主要協議。

一、改組政府，驅逐親日派。
二、釋放政治犯，保證人民的自由與權利。
三、停止內戰，一致抗日。
四、召集各黨各派各界各軍的救國會議，決定抗日方針。
五、與同情中國抗日的國家，建立合作關係。

十二月二十五日，蔣介石獲釋，並從西安飛往洛陽。張學良爲表謝罪，要求親自隨行至南京，但是飛機一抵達南京，他就立刻被特務機關收監，此後的五十四年，都過著被軟禁的生活。

楊虎城的下場更慘。一九四九年，國民黨逃往台灣前夕，楊虎城跟他的子女、侍衛、祕書，都在重慶被蔣介石的特務殺害了，這只能聯想成是對西安事變的報復行動。

張學良

蔣介石對張學良、楊虎城的處置方式，是向所有部下發出「不要重蹈覆轍」的嚴厲警告。爲了遺忘在西安的狼狽、恢復自身的威嚴，他想要展現強韌與嚴厲的一面，卻渾然不知寬容大度，其實也能建立並獲得威信。

各黨派對西安事變的主謀者褒貶不一，不過周恩來卻稱張學良和楊虎城爲「民族英雄、千古功臣」，給予他們最高的讚揚。仔細一想，這也是理所當然的。如果沒有發生西安事變，蔣介石一定會繼續發動「第六次大圍剿」、「第七次大圍剿」，直到紅軍再也無法東山再起爲止。

共產黨爲了救國與自救，必須高喊「抗日」口號，逼使蔣介石將槍口朝向日軍，而製造出這個戲劇化轉捩點的，正是英雄般的功臣張學良。張學良自己在西安事變發生後的數十年間，也不斷重述下列觀點：「身爲一名軍人，我應該要被槍斃。但我是憑著自己的良心行動，我並沒有錯。」

盧溝橋的石獅子

在漫長的軟禁生活中，他接受了基督教信仰，從中獲得內心的平靜，並活到一百歲高齡。臨終前的晚年，他從監禁中獲得釋放，並移居夏威夷。然而悲哀的是，從九一八事變被關東軍從東北趕出來後，他再也沒有回到故鄉過了。

北京淪陷，最後關頭已到

盧溝橋是位於北京西南方、約十五公里處的永定河上所架設的橋樑，建造於金朝大定二十九年（一一八九年），擁有八百年以上的悠久歷史，是北京西南方的咽喉要道，在防衛戰備上極為重要。

從一九三七年六月開始，日本的華北駐屯軍持續在盧溝橋附近進行軍事演習。七月七日，日本軍隊以一名士兵失蹤為藉口，要求進入宛平縣搜查，但遭到中國拒絕，便以大砲與機關槍發動攻擊，這是發生在晚上八點左右的事。駐屯在宛平的第二十九軍的一支連隊立刻應戰，但因雙方軍力懸殊而節節敗退。同月底，北京與天津相繼淪陷。

盧溝橋事變的隔天，共產黨打了一通電報給國民黨，催促國民黨趕快履行在西安時說好要共同抗日的約定。七月十七日，蔣介石發表《對於盧溝橋事件之嚴正表示》演說：「最後關頭一到，我們只有犧牲到底，抗戰到底。」藉此宣示抗日的決心。

在那之後，不出半個月，得知北京、天津相繼淪陷後，蔣介石又發表了《告抗戰全體將士書》：「現在既然和平無望，只有抗戰到底。」看著日軍從東北打到熱河，再從熱河打到北京、天津，以蔣介石爲代表的國民政府，對於日軍想要蠶食中國領土的野心，終於確認「最後關頭」已經到了，並且決心抗戰到底。從一九三七年七月七日的「盧溝橋事變」開始，長達八年的全面浴血戰爭，終於正式揭開序幕。

蔣介石的神準預言

蔣介石的個性，是一旦確立了某種信念，就一定要堅持到底才肯罷休。這樣的性格所提出來的抗日戰略，就是他說過的「以空間換時間，積小勝爲大勝。」也就是在廣大的國土上分散敵軍勢力，使其疲於奔命，並累積小場戰役的勝利。他避開了日軍想在華北平原速戰速決的戰略，將敵軍的主力部隊引誘到山川衆多的東南與西南地區，想藉由複雜的地形抵消敵軍裝備上的優勢。

在抗戰爆發前的二年前，蔣介石在他一九三五年八月二十一日的日記上，對來日必將展開的戰役，已經提出以下推測：

一、（日本）對中國思不戰而屈。

二、對華只能威脅分化，製造土匪漢奸，使之擾亂，而不能眞用武力，以征服中國。

三、最後用兵進攻。

四、中國抵抗。

五、受國際干涉引起世界大戰。

六、倭國內亂革命。

七、倭寇失敗當在十年之內。

令人驚訝的是，除了第六點，其他的預測全都實現了。這證明了他眼光獨到，是具有眞知灼見的軍事謀略家與政治家。很抱歉在此要重提一下前面提過的「田中奏摺」，先不論其真僞，光是該文件在三〇年代初期造成輿論騷動的情況來看，不難想像蔣介石已經讀過內容了。若是如此，很可能在他寫下這篇日記之前，他的對日戰略就已經成形——他要在中國被「征服」之前，打破日本「征服世界」的野心。

蔣介石選擇的戰場是遠東第一大城市：上海。因爲英美一定不希望上海遭受日軍攻擊，導致權益受損，所以一旦開打，將刺激英美站在中國這邊參戰。

他預測了兩項作戰結果。一是跟「一二八事變」一樣，列強會居中斡旋，使戰事提早結束；二是上海失守。失去上海，某種程度上來說的確犧牲很大，但既然已經決定要跟敵軍奮戰到最後一刻，這點覺悟也是必要的。

在那之前，蔣介石必須先將敵軍引誘到西南地區，對蔣介石來說，這正是以空間換取時間，也就是利用持久戰削弱敵軍戰力，以獲取最終勝利。

另一方面，日本軍隊「進出」中國的行動其實停留在北京、天津一帶就夠了，但他們在一二八事變後，卻持續增員上海派遣軍，這是因爲他們很早以前就覬覦物產豐饒的東南地區。

淞滬會戰，三個月死傷二十萬

一九三七年八月九日，上海的虹橋機場發生了日本軍隊與中國保安隊的槍擊事件，雙方各損失一員，這次衝突引爆了「淞滬會戰」（日本稱為第二次上海事變）。十三日上午九點，兩軍於閘北的寶山路展開交戰，一直到十一月十二日上海失守為止，戰事持續了三個月之久。這場戰役是長達八年的抗日戰爭中第一場重要戰役，也是整個中日戰爭中規模最大、戰鬥最慘烈的一場戰役。

中國方面的指揮，起初是蔣介石的心腹、第九集團軍司令張治中，以及西安事變後再度歸順國民軍的馮玉祥，然而隨著戰況愈來愈激烈，後來改由蔣介石親自擔任總指揮官。日本則是由海軍大將長谷川清跟陸軍大將松井石根指揮整場戰役。

中國軍隊在此次戰役中，動員的資源共計士兵七十萬、飛機二百架、裝甲車十六輛。日本軍隊則出動了士兵三十萬、飛機五百架、裝甲車三百輛、軍艦一百三十艘。雙方的死傷人數則是中國二十萬人，日本七萬人。

桂系首領李宗仁日後在回憶錄中，曾經這樣描寫淞滬會戰的戰況：「我軍戰鬥兵員總數在七十萬左右，占全國總兵力的六成。……戰場上人數既多，又無險可守，敵海陸空三軍的火力可以儘量發揮，我軍等於陷入一座大熔鐵爐，任其焦煉。……所以淞滬之戰，簡直是以我們的血肉之軀來填入敵人的火海。每小時的死傷輒以千計，犧牲的壯烈，在中華民族抵禦外侮的歷史上，鮮有前例。」

十一月五日，日軍從華北調派三個師團登陸杭州灣的北岸金山衛，上海在敵軍的包圍下淪陷了。順帶一提，這三個師團包括由谷壽夫率領的第六師團，他們將在一個月後於南京犯下令人髮指的大屠殺。

十一月十三日，蔣介石放棄在上海繼續抗戰，對全國人民發表了撤退聲明：「各地戰士，聞義赴難，朝命夕至，有死無退。陣地化為灰燼，軍心仍堅如鐵石。陷陣之勇，實足以昭示民族獨立之精神，奠定中華復興之基礎。」於是，淞滬會戰就在中國的戰敗下告終了。

「三個月征服中國」，別妄想！

然而，蔣介石卻藉著這次的慘烈犧牲，向全世界表達了「中國絕對不會投降」的重要訊息。此番戰役他雖然折損了將近三分之一的直屬菁英部隊，卻也被人民尊為救國英雄。

觀察蔣介石之後所指揮的戰役，他在戰術方面或許略勝一籌，但戰敗的次數卻占了壓倒性的多數，因此也不得不說，以蔣介石為中心的國民軍是徹底的輸家。然而，如果從戰略的角度來看，正因為蔣介石以空間換取時間，才能依照計畫讓美英選擇站在中國這邊，因此，蔣介石也可說是把強敵引誘至泥沼之中、再加以打敗的勝利者。

另一方面，日軍雖然在淞滬會戰中獲得軍事上的全面勝利，卻也因此暴露出他們想在三個月內征服中國的企圖，同時深刻體會到，國民軍跟以前一遇到敵軍就會自亂陣腳的清軍完全不同。

在上海嚐到的挫敗滋味，也是促使日軍軍紀陷入狂亂、而在南京犯下暴行的心理因素之一。在這個時間點，日本無論如何都想向全世界、特別是歐美列強證明：「即使同爲亞洲人，我們也絕對會贏得壓倒性的勝利。」

他們本來想藉淞滬會戰把國民軍打得體無完膚、讓蔣介石伏首認輸，結果事與願違。即便他們終於占領上海，但戰事已經歷時三個月，不要說屈服認輸，中國人民還更激動地高呼蔣介石「抗日救國」的口號。日軍的優越感在淞滬會戰中受到動搖，才會發生南京大屠殺這種慘絕人寰的瘋狂暴行。

別再遮掩南京大屠殺了

我必須先說，衆所皆知，關於南京大屠殺的死亡人數，不論是國民政府或是共產黨政府統計出來的，都是三十萬人。可是近年來，日本卻試圖掩蓋這個數字，不但指責中方統計的死亡人數過於誇大，甚至捏造相關數據，而且這個風潮還愈演愈烈。

走進日本書店，就會看見一整排跟南京大屠殺相關的書籍，占據大部分的書櫃空間。這種一邊加重對方的痛苦、一邊捏造事實的做法，跟日本自古以來的「誠信」精神，根本就背道而馳。

至於指責死傷人數「誇大」，更是讓人有種事到如今你還要計較什麼的感覺（也可以說，這麼做根本就於事無補）。事實上，在日軍完全占領南京城的情況下，要統計犧牲的人數，是極其困難的。

此外，自從旅順大屠殺以來，伊藤博文「只能就此不理，以後再來辯駁」的指示，已經成爲軍隊的信條，因此態勢不對就設法湮滅證據，也成爲他們最常使用的手段。

即使如此，事到如今還要拘泥於死傷數字，在被害者心中的傷口灑鹽，難道不是很不人道的做法嗎？三十萬的數字不是仇恨的記憶，而是象徵著言語難以形容的戰爭苦難，深深刻畫在中國人的心中。無論這是不是實際數字，南京大屠殺都是不容抹滅的歷史事實。

人類本著良心而行動，同樣的，擁有生命的歷史也應該秉持歷史的良心。我們這些跟南京大屠殺沒有直接關係的後代子孫，是否也應該遵從歷史的良心，謹言愼行才對呢？

抗日戰爭死亡超過兩千萬

在八年抗日戰爭中，中國軍隊計有三百二十一萬多人死亡，如果再加上因爲染病而減損的兵員，總計造成四百萬軍人的損失。至於平民百姓，保守估計至少有一千七百萬人因此喪命，並造成九千五百萬名難民流離失所。經濟方面的損失，以戰爭結束時的幣值來算的話，也達到六千五百億美元之譜。

而日本則是從與中國的全面戰爭開打後，便加入「第二次世界大戰」的行列，在甲午戰爭爆發以來的五十年後，這些軍事行動爲日本國民帶來難以想像的恐懼和痛苦。眞要說的話，今日的和平，是以無數寶貴的性命換來的。我認爲只有雙方都記住先人所受的苦，面對造成歷史苦痛的眞正原因，才能守護和平，並進一步建立起眞誠的信賴關係。

我執筆寫作本書的時候，在日本已經居住超過二十年，目前也沒有歸國的打算。我的工作在這裡，重要的家人親友也在這裡，而且日本還有許多我亟欲了解的事物在等著我。換句話說，日本就像我熱愛的祖國一樣，對我而言也是非常重要的國家。正因爲不斷思考兩個國家的未來，我才會寫下這些話語。

本章的最後，我想要談談我的故鄉上海。

在淞滬會戰中展開熱烈激戰的閘北地區，已經變成瓦礫廢墟，閘北東方的虹口和楊樹浦等地，也蒙受超過七〇%的損失。至於其他部分，南市區與吳淞一帶也遭受難以計數的破壞。無數的建築物倒塌，超過一百萬以上的市民被迫避難到蘇州河南岸的租界區。

也因此，蘇州河以北的地區只能走向荒廢一途，而因爲戰爭所形成的廢墟，更變成了貧民窟，有很長一段時間，上海這個城市都籠罩在戰爭的陰影之下，一直到一九九〇年代，藉由上海大改造計畫，這些地區才脫胎換骨，變成現代化的都市。

關於抗日戰爭的詳細過程，因爲篇幅有限，希望日後有機會再好好說清楚。在此附上簡略的年表，做爲本章的結束。

八年抗戰簡略年表

一九三七年八月十三日至十一月十三日，「淞滬會戰」。

八月二十日，國民黨軍事委員會將對日作戰的區域，畫分成南北五大戰區。

八月二十二日，中共發表「抗日救國十大綱領」；蔣介石亦於翌日發表談話，確立了抗日統一戰線。

八月二十五日，紅軍被編制爲國民軍第八路軍。

九月二十四日，日軍占領保定。

九月二十五日，第十八路軍第一一五師的指揮官林彪，率軍伏擊日軍一支機械化部隊，展開**平型關戰役**，打破「日本皇軍不敗」的神話。

十月二日，南方八省的紅軍被編制爲國民軍新四軍。

十月十五日，以日軍爲後盾的晉北「自治」政府成立（以下所稱的「自治」或「維新」政府，皆爲同樣性質的傀儡政權）。

十月二十七日，蒙古聯盟「自治」政府成立。

十一月七日，晉察冀邊區成立抗日根據地。太原、上海相繼淪陷。

十一月二十日，國民黨發表遷都重慶的宣言。

十二月十三日，南京淪陷。南京大屠殺。

十二月十四日，華北成立中華民國臨時政府（王克敏）。

一九三八年一月，日本發表「近衛聲明」：停止與中國和平交涉，今後不以國民政府為對手。

三月，南京成立中華民國維新政府（梁鴻志）。

三至四月，台兒莊會戰。

五月，徐州淪陷。毛澤東發表《論持久戰》。

六月，國軍破壞黃河堤防，以阻止日軍的侵略攻勢。

八月，國民政府公布《懲治漢奸條例》。

十月，廣州淪陷。

十月二十七日，武漢三鎮失守。

十二月四日，日軍開始轟炸重慶。

十二月二十日，汪兆銘逃離重慶，臣服日本。

一九三九年一月，國民黨決定永久開除汪兆銘的黨籍。

五月十二日至九月十五日，諾門罕戰役（日本跟蘇聯的戰役）。

六月，國民黨發布汪兆銘的逮捕令。

九月，張家口成立蒙疆聯合「自治」政府。英法對德國宣戰，第二世界大戰爆發。以重慶爲首，中國各地於該年遭遇的空襲次數近二千六百餘回，死亡人數達二萬八千餘人，傷者爲三萬一千餘人。國軍無制空武器，因此開始建設衆多防空壕，死傷人數也開始銳減。但不幸的是，一九四一年六月，重慶遭遇重大空襲時發生防空壕大窒息慘案，奪走二萬餘人的性命。

一九四〇年三月三十日，汪兆銘於南京建立親日政府。

七月，日本發表「大東亞共榮圈」的構想，其背景爲戰爭長期化造成兵力不足。

八月二十日開始，在朱德、彭德懷的指揮下，展開**百團大戰**（至十二月五日）。戰爭持續約三個半月，動員四十萬兵力，大小戰鬥多達一千八百二十四次。作戰區域遍及冀、察、晉、綏、熱等省分。總計破壞了鐵路四百七十四公里、公路二千六百公里、橋樑二百一十三座、礦坑五處。（百團大戰事先未經毛澤東批准，彭德懷因此在文革時被批鬥。）

九月，日軍進攻越南，簽訂《德義日三國同盟條約》。日軍自此啓動「三光作戰」政策（殺光、燒光、搶光）。也有說法指出，這可能是對手惡意的「政治宣傳手法」。

十二月，英美兩國開始對國民政府開放借款。

一九四〇年的下半年開始，日軍開始在中國施放細菌生化武器。

一九四一年一月，新四軍攻擊國軍韓德勤部隊後爆發了「**皖南事變**」。

一月六日至十三日，共產黨領導的新四軍部隊，約九千名將士遭國民軍包圍襲擊，死傷與被俘人數超過七千人，副指揮官項英遭到殺害。

七月，國民政府與德、義兩國斷交。

十二月，太平洋戰爭爆發。

一九四二年一月，簽訂《聯合國家共同宣言》，設置中國戰區，由蔣介石擔任司令官。

十月，英美兩國宣示放棄在華權益（廢除不平等條約）。隔年一月正式改訂新約。

一九四三年一月，汪兆銘政權與日本共同發表《共同作戰聯合宣言》，正式向英美宣戰。

三月，日本首相東條英機造訪南京。

四月，日本海軍聯合艦隊司令長官山本五十六戰死。

五月，日本頒布學徒戰時動員體制。

十一月，開羅會議（中、美、英三國領袖會議，二十七日發表《開羅宣言》）。

一九四四年四月至隔年一月，日本展開「豫湘桂會戰」。

六月，聯合國軍隊展開諾曼第登陸作戰計畫。

十一月，汪兆銘病死於日本。日軍自廣西進入貴州。

十二月月底，日軍遭擊退。蔣介石以「十萬青年十萬軍」號召青年從軍，成立了十二萬人的青年軍，並於隔年夏天奪回廣西。

一九四五年二月，美英蘇三國簽訂《雅爾達密約》。

五月，德國投降。

六月，《聯合國憲章》。

七月，《波茨坦宣言》。

八月六日、九日，廣島、長崎遭原子彈攻擊。蘇聯對日宣戰。

八月十五日，日本投降。長達八年的抗日戰爭告終。

第八章　國民黨爲什麼會退守台灣

當城市資產階級都背棄國民黨，無產農民支持的共產黨贏定了。

日軍尚未投降，國共已開打

勝利的喜悅一下子就過去了。一九四五年八月十一日，蔣介石推測日本即將無條件投降，於是對全軍發出以下命令。

一、各戰區的司令官加速挺進部隊，執行「受降」事宜。

二、八路軍總司令朱德，和部隊一起留在原地。

三、各地的皇協軍不得離開駐紮地，所有部隊沒有中央的命令，不得重新整編。

分析這三條命令，可以清楚看出蔣介石對兩黨關係的想法。第一條的「受降」是指接受投降。「各戰區」是指爲了進行抗日作戰而畫分的作戰區域，其司令官以蔣介石爲首，都是國民黨的高級將領。第二條的「留在原地」，顯然是不想讓共產黨的八路軍參與受降，進而接收日軍的戰利品。而第三條的「皇協軍」是指協助日本皇軍的傀儡部隊；「中央的命令」很明顯就是蔣介石自己的命令。總之，蔣介石的意思是：不管戰利品是什麼，絕對不可以交給共產黨。

對此，共產黨主席毛澤東在八月十三日發表「寸土必爭」宣言，命各地軍隊前往東北。之所以要前往東北，是爲了和蘇聯軍隊一起行動，藉此獲得戰利品以及新的根據地。值得注意的是，此時日本尙未正式宣布投降，而國共兩黨卻已經漸漸回到抗戰前的對立態勢。

後來毛澤東和蔣介石在重慶進行談判，雖然雙方在十月十日締結了以和平建國爲宗旨的《雙十協定》，但這只是不可能實現的虛設條文，在山東、山西、河北等地，爲了「受降」而產生的軍事衝突已經不斷發生。

此外，最重要的受降典禮將於九月九日早上九點，於南京中央軍官學校的大禮堂舉行。主角是支那派遣軍的總司令岡村寧次與中國陸軍、空軍總司令何應欽，兩人在一九三三年簽訂《塘沽協定》時也已見過面，此時立場改變，雙方都感到無限感慨。

其後，在何應欽的奔走下，一百萬日軍及人數幾乎相同的日本民衆，很快就撤回日本並解除動員。不僅如此，岡村寧次也受到國民政府的庇護，在蔣介石與何應欽的授意下在軍事法庭中獲得無罪開釋。表面上的理由是協助停戰，但岡村嚴格要求部下只投降國民黨的軍隊，似乎讓蔣介石與何應欽十分開心。

爲什麼放過岡村寧次？

「昨天的敵人是今天的朋友」，如果每件事都可以這樣的話就皆大歡喜了。儘管戰爭已經結束了，但日軍與八路軍之間還是不斷發生激戰，對雙方都造成爲數衆多的死傷人數。原因不說也知道，當國民黨順利解除日軍武裝的同時，共產黨卻以「我們也是勝利者」爲由逼迫日軍向他們投降，而遭到日軍抵抗，因此共軍便大舉攻擊日軍。由此看來，岡村寧次的無罪赦免，其實牽繫著國共兩黨的競爭，以及許多士兵的性命。

岡村寧次與國共兩黨之間的愛恨戲碼沒有就此結束。他爲了回報蔣介石，受蔣之邀，於一九四九年九月在東京組織「白團」，成員都是過去日軍少校以上的菁英，全盛時期成員多達八十三名。取名爲「白團」，是表明要和「共產紅魔」對抗，其主要任務，就是幫助退守台灣的蔣介石「反攻大陸」。

雖然「反攻大陸」的希望最後破滅了，但一般認爲「白團」的存在，對台灣軍隊的強化助益良多。岡村寧次一生不斷在戰鬥，是在和平的世界無法突顯生存價值的典型傳統軍人。順帶一提，「白團」在岡村寧次去世的三年後（一九六九年）解散了。

再者，當日本投降時，最令人遺憾的就是國共兩黨因爲執著於虛幻的意識形態以及黨派偏見，把中國人民深切期盼的和平建國拋諸腦後。雖然歷史沒有「如果」，但如果蔣介石在戰爭結束時，依照與國人的約定，以國民黨爲中心，聯合共產黨和其他黨派，一起建立聯合政府，並釋出手中的軍政大權，他應該可以名留青史，成爲人民心中永遠的英雄。

如果一九四九年建立中華人民共和國的毛澤東也願意這麼做，一定也能在歷史上留下好名聲。可惜兩人的出發點都不是救國，而是抓住權力。蔣招來無法挽回的失敗，毛也因爲無止盡的鬥爭，把人民逼到苦難的深淵當中。兩人至死都沒有離開權力的寶座，也到死都互相憎恨、謾罵對方，把對方的失敗當作自己的快樂泉源。

我們就來看看這兩位意志的巨人、人格的侏儒，是如何進行生死搏鬥的。

意志的巨人，人格的侏儒

一九四五年年底，國共雙方的軍事力量，對比如下：國民軍四百三十萬人，配備幾乎都是美軍的武器，這是因為美國杜魯門總統加強對國民政府的支持。另一方面，共軍只有一百二十萬人、從日軍手中搶奪過來的少量武器，以及在東北從蘇聯軍隊手中接收的一部分裝備。不管是兵員人數或裝備，都差國民軍很多。

這一年的十二月，美國派馬歇爾（George Catlett Marshall）來中國調停國共兩黨，促成兩黨於翌年一月簽訂停戰協定，並邀請各界、各黨派於重慶召開政治協商會議。但沒多久，兩軍便展開激戰，占優勢的國民軍旋即攻下河北的重鎮張家口，參加政治協商會議的知名哲學家梁漱溟，知道這件事後尖叫：「一覺醒來，和平已經死啦！」馬歇爾對國共兩黨的固執感到厭煩，也在一年後放棄調停雙方。

如果和平死了，就只能奮戰到最後一刻了。

蔣介石犯了什麼戰略錯誤？

一九四六年六月二十六日，蔣介石集合三十萬大軍，開始朝中原發兵，目的是殲滅自抗日戰爭後期，便在湖北、河南境內建立根據地的新四軍與八路軍。控制中原後，便計畫打開通往東北的道路，一舉掃蕩共產黨的勢力。

而對手新四軍約有六萬人，總指揮為李先念。他收到毛澤東「生存第一、勝利第一」的命令，打算從被國民軍包圍的宣化店（湖北省東北）邊打邊朝山岳地帶移動。雙方交戰到八月三日爲止，總共持續了二十九天。

就結果來看，共軍與占有優勢的敵軍交手後，分散成數個部隊到達陝西、湖北、安徽、江蘇等根據地。這一戰在國共戰爭史上被稱爲「中原突圍」，開啓了往後四年的國共內戰。

中原突圍戰打得如火如荼之際，國民軍因爲美國的援助而不斷強化武力。美軍一共支援了空軍戰機一千架、海軍船艦二百七十一艘，以及位在西太平洋總値超過八億美元的交通工具。此外，透過美國的海、空軍運載到各戰線的國民軍多達五十四萬人。因此，蔣介石只用了很短的時間，就占領了多數重要城市與戰略要地。

挾著這股氣勢，蔣介石十月在南京召開祕密軍事會議，宣布「五個月內擊潰共產黨軍隊」。他過度相信自己的實力，忘了過去運用在日軍身上的戰略，居然想要速戰速決。

李先念

從一九四六年六月到一九四七年二月的八個月中間，國民軍雖然從改名爲「中國人民解放軍」的共軍手中「奪回」了一百零五個城鎮，但因死傷、逃亡、疾病所造成的兵員短少，也多達七十一萬人。

蔣介石太重視都會地區，讓他在戰略上犯了致命的錯誤。不知不覺中，他把自己在抗日戰爭中慣用的武器——空間，也交給了對手。等他終於察覺時，才知道付出龐大代價所掌握的都市與城鎮，只是「點和線」而已。共軍反而因爲他的戰略，得以在廣大的農村紮根，不斷吸收貧困的農民，擴張自己的勢力，然後開始從四面八方壓迫這些「點和線」。

蔣介石因爲戰線拉得太長，感到兵力不足，不得已只好把「全面進攻」的戰略，變更爲針對陝西、甘肅、寧夏等共產黨根據地的「重點進攻」。因爲無論如何，把共軍阻斷在黃河以北，對他而言是一個消耗共產黨實力的適當辦法。

胡宗南奇襲空城，張靈甫全軍覆沒

三月下旬，一份充滿勝利喜悅的戰報，送到了蔣介石手上。

黃埔軍校的一期生、也是蔣介石心腹的胡宗南率領的十五萬大軍，已經占領了共產黨的中央根據地延安。雖然打下敵人的老巢讓人以爲已經取得決定性的勝利，不過實際上，胡宗南攻破的延安，只是一座空城。

後來大家才知道，胡宗南的副官兼機要祕書熊向暉，原來是共產黨的間諜。因爲他的情報，胡宗南的作戰會議內容，幾乎都同時傳到延安，使得原本應該能將共產黨的核心人物一網打盡的奇襲行動，最後只得到空城一座。另一方面，共產黨中央獲得熊向暉的情報後火速從延安撤退，猛將彭德懷率領的西北野戰軍，在陝北高原展開游擊戰，對國民軍造成重大的傷亡。

相較於陝北的「勝利」，山東的戰況深深刺痛蔣介石的心。張靈甫率領的「整編第七十四師團」共約三萬多名士兵，在當時堪稱裝備最精良的部隊，卻在沂蒙山區遭到陳毅、粟裕率領的二十萬華東野戰軍包圍，而且全軍覆沒。

張靈甫是黃埔軍校第四期生，也是歷經北伐和抗日戰爭的勇士，以「常勝將軍」的外號聞名天下。他雖然從這年春天起就加入對山東的「重點攻擊」，但國防部還是給了他一個不可能的任務，對這支在平原地形威力十足的重裝部隊，下達了「搜查並殲滅沂蒙山區共匪」的命令。事實上，下達這道可疑命令的國防部作戰次長劉斐，也是共產黨的間諜。他打算利用複雜的地形，削弱「整編第七十四師團」自豪的重裝備威力。

彭德懷

但張靈甫不愧擁有勇士之名。他前往戰場後察覺條件對他不利，便登上蒙陰縣東南方的孟良崮，引誘敵方大軍。孟良崮海拔約五百公尺，頂上的平地只有一．五平方公尺。他在此地牽制敵軍，承受猛烈的攻擊，等待著四十萬援軍對共軍進行反包圍。

收到軍報的蔣介石一則以喜，一則以憂。憂的是得意門生張靈甫現在身處險境；喜的是如果戰況順利，將可對敵人形成反包圍，夾擊、並殲滅陳毅的部隊。他命令大軍全速前進，儘快與張靈甫裡應外合。但反包圍的大軍卻讓蔣介石和張靈甫的期望落空，他們在途中不斷遭到共軍的游擊戰攪和，好不容易抵達戰場，卻為時已晚。

整編第七十四師團受到敵人連續四天的猛烈攻勢，在五月十六日已經全軍覆沒，張靈甫本人也壯烈自盡了。他寫給妻子的遺書點綴著斑斑血淚：「……決戰至最後一彈，飲訣成仁，上報國家與領袖，下答人民與部屬。老父來京未見，痛極！望善待之。幼子望養育之。玉玲吾妻，今永訣矣！」

另一方面，陳毅的四十萬大軍雖然因為疲勞受到相當大的折損，但他們在被國民軍包圍之前，就成功脫離戰線了。

孟良崮一戰，蔣介石徹底敗了。相反的，華東野戰軍的實力，因為接收了整編第七十四師團的裝備，實力大幅增加，並且在一年後的淮海戰役上發揮更大的威力。

順帶一提，來不及馳援孟良崮的國民軍將領，後來都在軍事檢討會上受到處分。不過當時有個人雖然就在戰場附近，卻完全沒有出手相助，那就是第八十三師團的指揮官李天霞，而他的理由，竟然是因為嫉妒張靈甫。

李天霞雖然在軍事法庭受到懲處，最後卻以賄賂換取無罪開釋，甚至還在一年後升任爲七十三軍團軍長。國民軍腐敗至此，最後會有什麼下場，也是顯而易見的了。

蔣介石收到張靈甫的死訊後嚎啕大哭，甚至還在南京的玄武湖畔爲他設立紀念碑；但這座紀念碑在國民軍從南京退敗以後，就被解放軍拆毀了。

最精銳的整編第七十四師團遭到殲滅後，使得「重點攻擊」也以失敗告終。七月以後，布署在東北的國民軍因爲解放軍的反攻，受到狹窄的長廊地形壓迫，開始轉爲防禦立場。

共產黨逐鹿「中原」，分配土地

鄧小平

當國民軍的主力在陝北和山東被解放軍的運動戰苦苦相逼的時候，劉伯承和鄧小平所率領的十二萬中原野戰軍，則渡過黃河，前進大別山，展現出向東壓迫南京、向西壓迫武漢的態勢。大別山是橫跨湖北、河南、安徽三省山脈，這讓蔣介石企圖將敵人擋在黃河以北的戰略，出現了破綻。

幾乎同一時間，陳毅和粟裕的華東野戰軍往安徽、江蘇前進；而陳賡、謝富治率領的「陳謝軍團」也往河南西部挺進。這三大部隊在黃河和長江的中間地帶形成倒「品」字形，成功地牽制住半數以上的國民軍。自「中原突圍」以來正好經過一年，中原地區再度落入共產黨手中，讓中原地帶成為解放軍稱霸全國的基地。

戰況劇烈變化的同時，共產黨發表了《中國土地法大綱》，主要內容如下：

一、廢除封建與半封建之下詐取式的土地制度，實施「耕者有其田」。
二、廢除地主、祠堂、廟宇、寺院、學校、機構以及團體的土地所有權。
三、沒收地主的牲畜、農具、建築物、糧食，以及其他財產，透過農協統一分配。

頒布《中國土地法大綱》讓共產黨勢力擴大得更快了。無數貧農獲得土地分配後，把子弟送進解放軍，在人員與物資上都支持共產黨。一九四七年九月，高唱「人民戰爭」的毛澤東，終於喊出：「打倒蔣介石，解放全中國！」宣告全力反擊。

「任何革命黨都沒有我們腐敗」

一九四八年三月二十九日到五月二十日之間，第一屆國民大會第一次會議（又稱為行憲國民大會）在南京舉行，蔣介石以九〇％的壓倒性多數當選總統；不過，或許稱得上美中不足吧，他推舉的副總統候選人孫科，敗給了抗日有功而贏得厚望的李宗仁。

總統、副總統的就職典禮於五月二十日舉行。但在數千名參加者面前，兩位主角的不協調十分醒目。即使事過境遷，李宗仁還是忘不了當時的氣憤。「蔣介石明明打算穿傳統禮服出席就職典禮，卻不懷好意地跟我說穿普通的軍服就好。」

結果，跟在舉止沉穩的蔣介石身邊，穿著軍服的李宗仁看起來簡直就像總統的衛兵或副官。關於這件事，我們不可能知道蔣介石是不是故意的，但他顯然沒有打算要真心接納過去的政敵。

此後，蔣提出憲法修正案，以「戡亂」（平定共產黨的叛亂）爲藉口擴大總統的權限。他利用抗日勝利贏得的英雄光芒，穩固「我就是黨、黨就是國家」的獨裁政權。

然而，就如同戰場上逐漸惡化的形勢，國民政府的財政也快要崩潰了。因爲連年征戰，國家財政收入竟然只有支出的五〇％，因而形成龐大的赤字。再加上物價飛漲，官員腐敗的情況四處瀰漫，使得生活在社會底層的人民開始連餬口都有困難。

對於這樣的政府機關，連蔣介石自己也看不下去。「古今中外，任何革命黨都沒有我們今天這樣荒唐和腐敗，這樣的黨早就應該被消滅、被淘汰了。」一九四八年八月，蔣介石再也無法容忍這種情況，他推動《經濟緊急處置方案》，打算實行「幣制改革」

和「限制價格政策」。主要內容如下：

一、金圓券一元可以交換等價的黃金〇・二二二一七毫克，中央銀行發行的總額度為二十億元。

二、目前流通的法幣三百萬元，可兌換金圓券一元。

三、禁止個人持有金、銀、外幣，持有者必須在九月三十日以前兌換成金圓券，違者沒收財產。

四、凍結全國物價。

蔣經國上海經改為何失敗

為了儘快實行這一連串的改革法案，蔣介石派遣「經濟督導員」到全國各地。而被視為全國金融中樞的上海，督導工作則是交給被外界稱為「皇太子」的蔣經國，他是蔣介石的兒子。

二十九歲的蔣經國滿腔燃燒的理想，他對腐敗的根源——上層階級開刀，揭發了他們證券內線交易，以及囤貨抬價、謀取暴利的罪行，使得國民政府的高級官員與富豪相繼落馬。除了有人下獄，還有人被處刑。

而上海的誠實市民雖然受新金融政策所苦，但還是乖乖遵照政府指令，同時擦亮眼睛，期待改革的成果。但皇太子經改的美夢短短三個月就破滅了，他想都沒想到，問題竟然會出在自家人身上。

九月，告發「揚子建設」逃稅、不正當匯款、壟斷資源等違法行爲的文件，送到蔣經國的手中。「揚子建設」是一九四六年成立的公司，創辦人是中國第一大富豪孔祥熙的兒子孔令侃。孔令侃是宋美齡的外甥，也是蔣經國的表弟。這讓蔣經國不禁皺起眉頭。

「要是在這裡摔了跤，改革是不會成功的。」他下定決心把孔令侃送進牢房，不過年輕的他，似乎太過相信繼母宋美齡和父親蔣介石的公眾道德。結果，孔令侃在宋美齡的施壓之下獲釋，蔣經國被父親訓斥了一頓，而孔家和其他黑心商人，也利用金錢掌控媒體，不斷毀謗他的一舉一動。

「皇太子威信掃地！」

「市民對改革的期望落空！」

「金圓券急遽貶值！」

「凍結物價和其他改革方案遭到全面撤回！」

十一月初，蔣經國向市民致歉，黯然離開上海。

中產階級唾棄，國民黨垮台

金圓券從一九四八年八月開始發行，但一九四九年七月便停止了。雖然只流通了短短十個月，卻因爲惡性通膨，導致其價格貶値到只剩二萬分之一，而暴跌又導致政府無限制地印鈔票。

根據記錄，一九四八年十二月的發行面額爲八十一億元，一九四九年四月達到五兆，到了六月終於來到一百三十兆。跟十個月前相比，發行量竟然增加了二十四萬倍。不知不覺中，爲了買日用品，市民必須拿出跟山一樣高的紙幣，「運」到店面去。然後終於有一天，就算把跟山一樣高的紙幣運到店面，也買不到東西。

這也是國民黨政權垮台的前兆。

受到這種前所未有的金融恐慌影響最大的，是都市裡的中小資產階級。金圓券剛發行時，他們順應政府的法令，把拚命存下來的黃金、白銀都兌換成金圓券；卻因爲金圓券暴跌而蒙受巨大損失，其中還有許多人因此身無分文。

另一方面，國民政府卻透過發行金圓券榨取了大約三億七千多萬美元的民脂民膏，也因此遭到最重要的支持者——都市資產階級的背叛，這麼做無異於自掘墳墓。

國民政府「經濟改革」慘敗的同時，共產黨則在解放區推行重視農工產業以及貨幣流通的政策。他們拒絕非必要性商品的流入、保持供需平衡，最後終於整頓出一個自給自足的經濟環境。一九四八年，共產黨創立了人民銀行，開始發行人民幣。

遼瀋大勝，共軍超越國軍

一九四八年春，解放軍奪回延安，九月下旬更占領了重要的軍事據點濟南。此時全國的共產黨統治區，包括農村和都市在內，占全國總面積的二四．五％，人口也達到全國總人口的三五．三％。在兵力方面，解放軍人數為二百八十萬人，雖然還差敵人五十幾萬人，但毛澤東趁著國統區（國民政府的統治區域）政治、經濟上的混亂，打算進行戰略性決戰。他把戰場設定在兵力遠超越國民軍的東北。

當時，林彪和羅榮桓所率領東北野戰軍，擁有五十四個師團，總數為七十萬人，占領區域為東北的九七％，人口也達到區域人口的八六％。同一時間，雖然國民軍四個兵團合起來約有五十五萬人，並擁有優越的裝備，但從瀋陽、長春、錦州等三個都市各自閉城防守的狀況來看，很明顯處於不利的局面。

那麼，要先進攻哪一座城市呢？針對這個問題，毛澤東和林彪雖然意見分歧，但經過數十通的電報往返後，決定先對錦州下手。錦州幾乎位在瀋陽和山海關的正中間，也

毛澤東

林彪

是三個都市中最西邊的一個。只要奪下錦州，東北的敵人退往關內的陸路就會被切斷。

雙方在九月十二日開打。

東北野戰軍的司令官林彪，是共軍最有智謀的優秀將領，在抗日戰爭中，才三十一歲就負責率領八路軍最精銳的部隊第一一五師團，而且在平型關戰役（位於平型嶺，是長城重要關隘）中獲勝。之後因爲負傷，大約有四年的時間都在蘇聯療養，同時讀遍世界上的軍事名著，不斷磨練自己的才能。一九四八年時，他已經四十二歲，又因爲受傷的後遺症而體力衰弱，但是在戰術的運用上已經非常純熟，因此毛澤東才會把戰略性的決戰交給他來掌舵。

林彪先擊破國民軍各個鎮守錦州的據點，讓錦州成爲「孤城」，再把從南邊的葫蘆島趕來的國民軍第五十四軍擋在塔山，然後把從瀋陽來的新六軍的前進路線，阻斷在黑山和大虎山。

不管是第五十四軍還是新六軍，都是國民軍最強的部隊；司令官闕漢騫和廖耀湘也都是抗日英雄。儘管如此，因爲林彪設下銅牆鐵壁的防衛網，他們一步也前進不了。十月十四日清晨，包圍錦州的二十五萬解放軍一邊聽著從塔山發出來的隆隆砲聲，一邊開始進行總攻擊。

「如果不趁著塔山、黑山、大虎山的部隊牽制敵軍時打下錦州，也許會被排山倒海的敵軍反包圍……。」林彪一邊想，一邊調動九百門大砲，讓錦州陷入火海之中。

錦州一天就打下來了，東北剿匪副司令官范漢潔和麾下的八萬名士兵都成爲俘虜。第五十四軍的闕漢騫得知這項情報後，一邊感嘆一邊退回葫蘆島，其後帶著部下從海路回到關內，之後歷經上海攻防戰等戰役後，渡海來到台灣。在此稍微離題一下。抗日戰爭剛結束時，有超過一百萬日本民衆在恐懼與不安之中，踏上歸國的長途旅程，這段旅程正是從葫蘆島開始的。

同一時間，國民軍新六軍的司令官廖耀湘不知該返回瀋陽、還是從大虎山前往營口，從海路退回關內時，已經錯失戰鬥的良機，在十月二十八日趕往營口途中，遭到埋伏而成爲俘虜。

廖耀湘在抗日戰爭後期曾與日軍在緬甸激烈交戰，當時他率領的新六軍被盟軍譽爲「世界最精銳」，他被俘後，長年被監禁在北京的功德林戰犯管理所，好不容易獲得釋放時，卻又遇到文革，一九六八年十二月二日在批鬥會上悲慘地死去。雖是抗日英雄，卻因爲國共內戰而下場淒涼。

錦州的失陷讓長期困守長春的國民軍戰意全失，在欠缺糧食與燃料、出現許多貧民餓死的狀況下，第一兵團所屬的第六十軍和新七軍共十萬人，於十月二十一日向林彪投降。

共軍攻陷長春後，瀋陽的國民軍也成了困獸。十月二十九日，林彪除了全面包圍瀋陽，還猛烈攻擊屯駐於營口的國民軍第五十二軍。三天後，負責防衛瀋陽的國民軍第八兵團的十三萬多名官兵遭到殲滅，林彪把營口的敵人也全都趕到海裡去。

國共戰史中的「遼西會戰」（中共稱爲遼瀋戰役）從九月十二日開始，於十一月二日落幕。在這五十二天當中，林彪的東北野戰軍傷亡共六萬九千人，但殲滅了四十七萬名國民軍，其中包括二十萬名俘虜，並且占領了東北全境。

到目前爲止，解放軍首次在人數上勝過國民軍，情勢逆轉爲三百萬對二百九十萬。又因爲遼西會戰的勝利，解放軍獲得東北的工業基地，更有利於他們稱霸全國。

杜聿明虎落平陽被「溝」欺

遼西會戰開打後，毛澤東就在爲下一次作戰做準備，目標是控制長江以北的淮陰、淮安、連雲港、高郵等地，並準備進攻自古以來就是戰略要地的徐州。他把即將到來的戰役稱爲淮海戰役（國民黨政府稱爲徐蚌會戰），並決定把這個任務交給陳毅、粟裕的華東野戰軍，以及劉伯承、鄧小平的中原野戰軍。

但是他的宿敵蔣介石，對東北的戰敗已經心裡有譜，同時思索著共產黨下一個目標會是哪裡。無論如何，蔣介石對在黃河與長江中間擺出「品」字形、進行運動戰的三個部隊非常在意。

「這群共匪會北上突擊河南鄭州嗎？還是南下襲擊武漢？或者目標是南京？」他一邊思索，一邊感到一股寒氣竄上背脊。「不管哪一個，打到南京就糟了！」

他以徐州爲中心，在津浦鐵路（天津至南京浦口）、隴海鐵路（連雲港至甘肅省蘭州）沿線配置了五個兵團，總數八十萬人，擺出堪稱萬全的「一點二線」態勢。所謂的「一點」是指徐州，「二線」則是指通過徐州的南北向津浦鐵路和東西向隴海鐵路。蔣介石一向喜歡賣弄文辭，但是從一九四六年六月的「全面進攻」，不到兩年半的時間已經變成「重點進攻」和「全面防禦」，最後退縮成「重點防禦」。

投入淮海戰役的國民軍有八十萬人，解放軍爲六十萬人。共軍雖然人數上處於劣勢，裝備也不及國民軍，但毛澤東還有一項最恐怖的利器——「人民戰爭」。徐州剿匪副司令官杜聿明的機動部隊儘管身處平原，卻無法採取正面進攻，因爲他們的行進受到共產黨動員的五百多萬農民工，所挖掘的無數溝渠和戰壕阻擋，而進退不得。不得不說這種古怪的「戰術」眞是史上首見。

此外，獲得民衆支持的解放軍士氣也很高昂，儘管裝備不及敵方，但已經因爲先前的戰利品而大獲改善。

徐蚌會戰，長江以北全失

東北的狼煙才剛消失，淮海戰役就開打了。我們大略觀察一下戰爭經過。

第一階段：十一月六日到二十二日，華東野戰軍的主力在徐州以東的碾莊地區包圍並殲滅了國民軍第七兵團。第七兵團的司令官黃百韜飲彈自盡。

第二階段：十一月二十三日到十二月十五日，中原野戰軍在宿縣西南方的雙堆集殲滅國民軍第十二兵團，生擒司令官黃維。其間，華東野戰軍在陳官莊包圍了打算自徐州往西南方逃竄的杜聿明部隊。

第三階段：十二月十六日到一九四九年一月十日，中原、華東野戰軍發動總攻擊，殲滅了國民軍第十三兵團與第二兵團，逮捕了徐州剿匪副司令官杜聿明。

淮海戰役於一九四八年十一月六日展開，到翌年一月十日已經獲得超乎預期的戰果，並宣告落幕。在這六十五天之間，解放軍一共死傷十三萬四千人，但殲滅了五十五萬國軍，其中包括三十二萬名俘虜。長江以北的區域，現在幾乎都落入共產黨的手裡了，國民政府的基地南京，終於暴露在解放軍的攻擊之下。

與淮海戰役幾乎同一時間，以北京和天津為主的「平津戰役」（國民黨政府稱為平津會戰）也正在進行。

遼西會戰結束後，林彪經過短暫的休息，便如狂濤巨浪般揮軍南下。一九四九年一月十五日，他的部隊經過一番激戰後占領了天津。一週後，華北剿匪司令官傅作義，透過民主黨派的中間人，與林彪達成協議，與麾下的二十五萬名官兵一起歸順解放軍。三十一日，解放軍「無血」進入北京城。

平津戰役自一九四八年十一月二十九日開戰，到一九四九年一月三十一日宣告落幕，歷經六十四天的戰鬥與交涉，解放軍一共死傷三萬九千名士兵，但擊敗了五十二萬名敵人，並令他們投降，讓東北與華北兩大解放區，終於合而為一。

蔣介石爲何丟了大陸？

話說遼西、淮海、平津三大戰役，被殲滅的國民軍總數超過一百五十萬人，在政治、經濟、軍事等所有領域節節敗退的國民政府，已經成了風中殘燭。

一九四九年春天，彭德懷的西北野戰軍向西安前進，徐向前的華北野戰軍向太原前進，林彪的東北野戰軍從平津前往武漢；同時，中原與華東野戰軍逼近長江北岸，準備強行南渡。

此後的每個日子，對蔣介石來說只有無止盡的傷心。四月二十三日南京失守後，他來到故鄉溪口，向母親的墳墓拜別，之後便前往上海，帶著殘破的政府輾轉在廣州、重慶、成都等地重複著逃亡的行程，沒多久便渡海到了台灣。

到目前爲止，共產黨幾乎已經稱霸全國，國統區只剩下東南海域的島嶼和西南地區的山地而已。對蔣介石來說，已經沒有任何辦法扭轉局勢了。

不過，短短四年就扭轉國共兩黨勢力的主要原因，到底是什麼呢？我整理過後，認爲不外乎以下四點：

一、八年抗戰所累積的疲勞，讓國民軍陷入厭戰。

二、惡性通膨引發社會不安，以及政府的腐敗。

三、貧困農民對共產黨的支持。

四、國民黨的內鬨。

毛澤東把《資治通鑑》讀十七遍

從另一個角度來看，決定蔣介石與毛澤東兩位宿敵最後下場的能力差距，到底是什麼呢？

蔣介石在日本學習軍事，也是黃埔軍校校長，受到國民軍少壯派將領打從心底崇敬。但身為中國的領導者，他參與各種社團時也受到影響，以暗殺、下獄、處刑等鐵腕對待政敵。因為他這些作為，使得政壇對他的向心力十分薄弱，同時他也缺乏統御不同派系的能力。

另一方面，毛澤東出身農民家庭，沒受過什麼教育，但求知欲非常強，自年少時期就四處蒐羅中國古典作品閱讀，不管在國共戰爭還是建國以後，都博覽《資治通鑑》一類的史書。

《資治通鑑》是北宋政治家司馬光耗時十九年編纂而成，共計二百九十四卷的大部頭史書，詳細記載周威烈王二十三年（西元前四〇三年）到五代後周世宗顯德六年

（九五九年），共計十六個王朝、一千三百六十三年的政治軍事史，因此有人稱它爲「帝王之書」。這麼大部頭的史書，毛澤東竟然從頭到尾讀了十七遍。

當然，讀者可以把這部書當成眞實的史料來研究，不過毛澤東從中發掘的，似乎是取之不盡的權謀術數。他把這些智慧活用在自己的人生當中，因此不管是軍事戰爭還是政治鬥爭，面對任何對手他都可以制敵機先。

也因此，年輕的毛澤東雖然在上海拜訪中國共產黨創始人陳獨秀，接受馬克思主義的啓蒙，但之後他以階級鬥爭的理論爲基礎，發展出自己的「鬥爭哲學」。這種鬥爭哲學用毛澤東自己的話來說，就是「馬克思加秦始皇」。相較之下，蔣介石的統御不過是「軍人加結社」而已，可以說一開始就沒有勝算。

其實，自鴉片戰爭以來，中國就飽受內憂外患，就像生病的巨人，只能不斷呻吟。辛亥革命好不容易帶給民眾一絲希望，卻馬上又被軍閥統治的烏雲壟罩。在無數的傷痛當中，又發動了打倒軍閥的北伐、爆發極其慘烈的抗日戰爭與國共內戰。

以悠久的歷史文化爲傲的中國，要迎接眞正的光明、眞正站起來，還得經歷更長的時間與充滿更多苦痛的奮鬥。

第三部

還在革什麼命、革誰的命？

第九章　毛澤東，從此站起來了

毛澤東是共產世界最大的「口號製造者」，為了權力，餓死二千萬無辜百姓。

「中國人從此站起來了」

一九四九年十月一日，下午三點。三十萬人齊聚於天安門廣場，開國大典在他們的熱切期盼下開始舉行了。毛澤東在天安門廣場上大聲宣布：「中華人民共和國中央人民政府，今天成立了！」

前一天剛落幕的「中國人民政治協商會議」（簡稱爲「政協」）第一屆全體會議，選出毛澤東爲中央人民政府主席，朱德、劉少奇等六名副主席，以及五十六名中央人民政府委員。

毛澤東還說：「占人類總數四分之一的中國人從此站起來了！」當時這句話感動了

無數人的心。

自鴉片戰爭以來，中國被多少不平等條約逼得痛苦呻吟？從北伐到第二次世界大戰結束爲止的二十年間，這些條約終於在極其艱難的狀況下一一廢除，但這都是人民經歷無盡辛酸之後才獲得的。現在中國終於可以從這些辛酸與苦難中解放，今後就可以用自己的雙手，建設自己的國家了。

小時候，我經常聽上海的老人說：「共和國剛成立的時候啊，大家都忘了年齡、階級的差異，把全副力量用在讓城市從戰爭的傷痕中重新復活。每個人都認爲建國以後，我們中國人終於可以獲得眞正的自由與榮耀。只不過，只不過啊……。」只不過，這樣的日子卻沒有持續多久。

當人民熱衷於建設新中國時，毛澤東正在東南沿海集結大軍，打算對逃往台灣的蔣介石來個最後一擊，不料這項計畫卻被盟友打亂——急著「統一」的，還有一個人。

韓戰：幫了蔣介石，也幫了毛澤東

一九五〇年六月二十五日，朝鮮民主主義人民共和國（以下簡稱北韓）主席金日成，在史達林的同意下開始侵略南韓。二十七日，美國杜魯門總統舉行聯合國安全理事會，譴責北韓的行為「破壞和平」，並決心施以武力制裁。

杜魯門雖然因為意識形態而支持蔣介石，卻一直消極地觀望國共內戰，但這次他授意美國第七艦隊進入台灣海峽，阻止解放軍的攻擊，使得毛澤東「以武力解放台灣」的夢想破滅。因為他很清楚，解放軍在海、空兩軍的軍力幾乎是零，不可能跨海與美軍較勁。

另一方面，毛澤東在各方面都仿效蘇聯，實際上也一直仰賴蘇聯的各種支援，因此不得不答應史達林的要求，承諾出兵支援因聯合國部隊的加入而敗象漸露的北韓。

十月十九日，中國人民志願軍一邊大喊「抗美援朝，保家衛國」，一邊渡過鴨綠江參戰，司令官是解放軍第一猛將，解放軍副總司令彭德懷。順帶一提，當時以足智多謀而聞名的林彪，以生病為由拒絕出征。

有關韓戰的原委，因為篇幅有限，我們只針對結果來看：

一、志願軍陣亡五十萬人，其中包括毛澤東的長子毛岸英。南、北韓陣亡超過二百萬人。美軍死傷約十五萬人，不過加上聯合國的傷亡人數的話，則超過一百萬人。

二、韓戰之後，剛成立的新中國，從民主政治轉變為獨裁政治。

三、中國更向蘇聯一面倒，和以美國為首的西方世界完全斷絕交流。

四、儘管犧牲慘重，但彭德懷因爲跟聯合國部隊打成平手，而威信大增，讓毛澤東倍感威脅；而其子死於韓戰，也成爲毛澤東日後打倒彭德懷的理由。
五、因爲韓戰而引發的各種政治鬥爭，層出不窮。
六、中國捲入更加激烈的東西冷戰。
七、因爲向蘇聯借貸大筆貸款，種下中蘇關係惡化的種子。

決定參戰時，中國用的名目是「支援軍」，但民主建國會（編按：是中華人民共和國現行政治體制內，共產黨認可的八個「民主黨派」之一）的創始人兼政務院副總理的黃炎培，卻提出異議：「支援軍聽起來太像是由國家派遣，可能會被聯想成是要對美國宣戰。我認爲彰顯人民的意志，對國際情勢比較有利，要不要把名稱改成中國人民志願軍呢？」

似乎因爲這樣，毛澤東決定正式採用「中國人民志願軍」的名稱。「志願」只是名目，實際上派遣軍全是正規軍，成員主要是解放軍的東北防衛隊。連志願軍總司令彭德懷都大笑說：「志願？我可不是志願的咧！」

聯合國部隊也掌握到這項資訊，但爲了讓戰場侷限在朝鮮半島，不讓它演變成世界大戰，所以沒有曝光。在敵我之間，存在著非常微妙的心照不宣。

這裡稍稍離題一下，黃炎培是我祖母黃培英的堂兄弟。他一生致力於中國的技職教育，建國以後，便以民主建國會領導人的身分，在人民政府擔任要職。他一九六五年逝世於北京，享年八十七歲，之後沒多久就發生了文化大革命。

我還記得被打入黑五類的祖母，對年幼的我悄悄說過：「你任之（黃炎培的字）爺爺過世得早，是他的福氣。如果他現在還活著，不知道會遭到怎樣的對待……。」中國人自古以來，都認為死是不祥的。祖母居然說他的死是「福氣」，那時剛滿十歲的我，無法不對她落寞的表情感到驚訝。

長子毛岸英陣亡

回到韓戰的結果。韓戰對毛澤東最壞的影響，無疑是長子毛岸英之死。

毛岸英一死，毛澤東就只剩下身心障礙（精神分裂，也有人說是創傷後壓力症候群）的次子毛岸青了（已於二〇〇七年過世）。毛澤東想將形同獨子的毛岸英培養成接班人，才會託付給彭德懷，「希望他在戰場上好好歷練一下」。但在軍中向來有「罕見的高尚品格」美名的彭德懷，卻真的照毛澤東交代的，把毛岸英帶到最前線。結果遇到美軍轟炸來不及逃跑，而不幸過世。

當祕書戰戰兢兢地報告毛岸英的死訊時，毛澤東正在抽菸。他陷入一陣沉默之後，說：「戰爭嘛，犧牲在所難免……。」從那一天起，他就不斷重複這句話，彷彿要說給自己聽。但每一次喃喃自語，彭德懷那副不肯配合的樣子就浮現在他眼前。

毛澤東咬牙切齒地想：姓彭的在戰場上雖然很管用，但一直對我採取不合作態度。放眼整個黨，一有事就跟我唱反調的，大概就這個傢伙了。難道他是故意把岸英派到危險的地方去？姓彭的，有一天我一定要你謝罪。

三大運動只為獨裁

毛澤東以韓戰為契機，在國共內戰的傷痕還沒痊癒的新中國，一次次掀起政治運動和鬥爭。

當時蔣介石認為韓戰是大好時機，在台灣海峽的另一端高喊「反攻大陸」，一邊擬定具體的反攻計畫：「一年準備，兩年反攻，三年掃蕩，五年成功。」

另一方面，毛澤東不斷動腦想著對策。他先發動「土地改革運動」，企圖消滅一般認為對國民政府和蔣介石的統治

毛澤東

還有所留戀的地主和富農階級；然後又頒布《懲治反革命條例》，徹底肅清企圖顛覆共產黨政府的國民軍間諜、戰敗殘餘部隊、反共的結社團體，以及宗教團體。

結果，除了在農村針對地主與富農階級進行殘酷的鬥爭、剝奪他們的土地財產，當時被冠上「反革命」罪名而被逮捕的人，多達二百六十二萬，其中七十一萬人遭到處刑。

由於判罪的標準和審判的程序並不透明，製造出大量冤獄。據說在國共內戰歸順共產黨的國民軍，甚至連過去曾在國統區進行地下活動的共產黨員，也幾乎都遭到殺害。

「土地改革運動」和「懲治反革命」是與「抗美援朝」同時進行、或是為了抗美援朝所進行的運動，因此三者也合稱「三大運動」。

三大改造，一無所有

所謂「三大改造」，是指「農業社會主義改造」、「手工業社會主義改造」，以及「資本主義工商業社會主義改造」。簡單來說，就是把私有財產制改成「社會主義公有制」。

這項改造原本預計要花個十幾二十年慢慢進行，之所以在建國初期就以極快的步調實施，是因爲參加韓戰所導致的財政壓力。當時毛澤東將募集軍費、建設軍事重工業視爲最大要務，在一九五一年年底下達指令：「用一切方法擠出錢來建設重工業與國防工業。」

於是，手工製造業者和工商業者因爲突然實施的「公私合營」，被迫出售過去一直苦心經營的店舖或企業，此後只能獲得少少的「定息」（定額利息，約五％）；而無數農民在土地改革後獲得的土地，現在也必須交給「合作社」。

三反五反，反正就是陷害

大約在同一時間，中國還發起「三反五反運動」。

「三反」是反貪汙、反浪費、反官僚主義，主要對象是國家幹部。涉嫌貪汙的公務員和共產黨幹部被開除黨籍、下獄，其中也有人是爲了殺雞儆猴而遭到處刑。「五反」則是反行賄、反偷稅漏稅、反盜騙國家財產、反偷工減料、反盜竊國家經濟情報。主要對象是工商業者，也就是所謂的資本主義者。

「三反五反運動」照字面上來看是十分合理的改革，問題是這項運動逐漸擴大，演變成毛澤東最喜歡的「人民戰爭」。出自告密及脅迫的自白迅速蔓延，至少有一百萬人遭到檢舉，而最後自殺或死於獄中的人數雖然沒有正式公布，但根據經歷過三反五反運動的人，據說超過十萬人。

藉《武訓傳》批鬥知識分子

一九五一年五月，政務應該十分繁忙的毛主席，卻開始批判電影《武訓傳》。《武訓傳》是一部描寫眞人眞事的傳記電影，武訓是清朝末年的乞丐，靠著行乞募資興辦「義學」。

這齣電影剛上映時受到各地媒體與學界的讚賞，也被朱德、周恩來等共產黨高層，評價爲「具有教育意義」。他們一直視振興因戰亂而荒廢的教育，爲重要課題。這種電影到底哪裡惹毛主席不高興了？

這就必須提到毛澤東對知識分子階級的偏見了。事實上，在抗日戰爭打得如火如荼之際，人在延安的毛澤東已經把知識分子階級視爲異端，並發起「整風運動」迫害他們。憧憬革命與抗日而來到延安的知識分子，竟有多達一萬五千人，被貼上國民黨、甚至日本間諜的標籤，遭受無情的拷問與監禁。

建國之後也是一樣，毛澤東完全不打算拋開對知識階級的歧視。他在一九五〇年六月召開共產黨第七屆三中全會（指第七屆中央委員會的第七次全體會議），曾發言表示：「在知識分子中的一個相當多數，與國民黨、蔣介石的反動政權有著千絲萬縷的聯繫，他們崇洋媚外、媚美，與我們格格不入。我們必須對他們進行思想改造。」

對電影《武訓傳》的批判，只是毛澤東進行思想改造的序幕。一九五一年五月二日，他在中國共產黨的機關報《人民日報》中，發表了一篇社論：「《武訓傳》狂熱地宣傳封建文化，……侮蔑中國民族的反動宣傳。」甚至點名四十八名讚賞《武訓傳》的知識分子，批判他們：「對於《武訓傳》的歌頌竟至如此之多，說明了我國文化界的思想混亂達到了何等的程度！」

值得注意的是，他的矛頭已經不只是針對一部電影，而是歌頌電影的「文化界」。沒多久，中央黨部就收到毛澤東的命令，發布〈關於在學校中進行思想改造和組織清理工作的指示〉一文，下令對所有的學校教職員以及高中以上的學生，進行「思想改造」與「反革命分子肅清」。

和其他運動一樣，以共產黨幹部爲中心的「工作組」隨即被派到全國各校，負責煽動群衆，並監視運動的進展。膽顫心驚的學界與農業、手工製造業、工商業一樣，都被共產黨壓迫得無法動彈。

此外，這時候正好是「抗美援朝」運動的最高潮，過去曾在歐美留學，或曾在國民黨統治下工作過的知識分子，都成爲肅清的重點對象。許多知識分子因爲受不了這股壓力，只好開始「自我批判」。不過在「工作組」帶頭的「思想改造學習會」上，他們發出的微小聲音經常被「革命群衆」的怒吼壓過。只要稍微辯解，就會遭受更嚴酷的折磨。

爲了度過難關，他們只好想辦法滿足群衆，抛下自尊，把沒憑沒據的罪狀冠到自己頭上。舉例來說，知名的橋樑建築家茅以升，雖然在一九三〇年代因爲設計錢塘江大橋而聞名海外，但這時也被迫這樣自我批判：「我在二〇年代歸國後，便一直服務反動統治階級……那座錢塘江大橋的工程是照出我詐欺行爲的鏡子，我徹底盜竊了勞動人民的血汗與智慧結晶……。」

知識分子階級自古以來就被視爲民族之魂、國家棟樑，他們一向自視甚高，雖然手無縛雞之力，卻威武不能屈。不管在哪個時代，都致力於鞭撻社會的黑暗面、爲民喉舌，這應該是知識分子階級的使命，也是他們的特質。

而現在，他們卻被前所未有的強權壓垮，連最高貴的個性和獨立精神，都不得不放棄。我只能說這是新中國的悲劇，而他們的順從與屈服，只會爲他們招來更多的苦難。

後來毛澤東還親自指揮，發起運動批判紅學專家俞平伯、自由主義的先驅胡適、文藝理論家與詩人胡風。其中，胡風儘管自戰爭的年代就一直擁護共產黨，卻還是因爲對毛澤東的文藝思想抱持不同看法，被冠上「反革命」的罪名，判刑十四年；進入文革之後，刑期更被「升格」為無期徒刑。

捲入「胡風反革命集團」的知識分子多達二千一百多人，遭到逮捕的也有九十二人。宣判胡風有罪開了惡例，從此共產黨政府可以對抱持不同觀點的知識分子判刑下獄。這次事件後，毛澤東到死之前都不斷提倡的「無產階級專政」就更難推動了。

再回到胡風，雖然他在文革之後，於一九七九年獲得釋放，但光是想像他在獄中度過的二十四個年頭，就令人感到非常心痛。中國正式恢復胡風的名譽，則是在他本人過世三年後，也就是一九八八年。

批判電影《武訓傳》及後續的一連串運動，隱藏著毛澤東的終極目的：將知識分子階級腦中殘留的非社會主義思想一掃而盡，以確立馬克思主義、毛澤東思想的絕對、且至高無上的地位。

拍錯馬屁，高崗失勢

就在徹底馴服知識分子階級的最高潮中，黨內也開始產生裂痕。

一九五四年二月，中國共產黨召開第七屆四中全會，中央人民政府副主席高崗以及華東局第一書記饒漱石等人，被指控是「高饒反黨聯盟」而受到公開譴責。官方的說明中表示，因爲高崗、饒漱石等人對同爲副主席的劉少奇勢力擴大不滿，爲了跟劉少奇對抗，便拉攏人心，破壞黨的團結。但透過近年來的研究，包裹在迷霧裡的眞相才一點一點地浮上檯面。

事實上，前一年，也就是一九五三年召開的財經工作會議上，毛澤東和被公認爲他的接班人的劉少奇之間，已經爆出火花。主因似乎是劉少奇對土地改革運動、農業合作化，以及公私合營的做法發表批判性言論。

毛澤東直接點名劉少奇，威脅地說：「你這個人，沒有踏上社會主義道路的覺悟。」但出席的黨員幹部，居然沒有一個人附和他，毛澤東十分震驚，不得已只好自己隨便找個台階下。

另一方面，高崗從長征以來就很受毛澤東重用，在韓戰中也以東北人民政府主席的身分，對志願軍的後方支援有所貢獻。此後高崗便以國家計畫委員會主席的身分來到北京，深獲毛澤東信賴。但高崗高估了這份信賴，導致最後打亂他自己的人生。

高崗從一九五三年春到北京赴任以來，幾乎天天跟毛澤東見面，也幾度聽聞毛澤東對劉少奇的不滿言論。該年初夏，毛澤東要高崗接下一個極機密任務：「劉少奇在一九二九年八月，曾在東北被國民黨逮捕，你去調查一下當時的情形。」

毛澤東認為，過去曾被稱為「東北王」的高崗，也許可以非常隱密地完成任務。實際上，因為高崗深獲毛澤東信任而興奮不已，也圓滿達成任務，將劉少奇被逮捕時的經歷製成檔案，交給毛澤東，這份檔案之後在文革中變成判定劉少奇是「叛徒」的證據。

到目前為止，高崗似乎一帆風順。明明只要看著毛澤東的臉色行事就好，但是對領袖的忠誠，驅使他沒跟毛澤東說明就四處奔走，組成反劉少奇陣營，沒想到結果卻不如預期。

以當時毛澤東的勢力，都還做不到一舉扳倒劉少奇，剛上京赴任的高崗就更不可能辦到了。結果此舉弄巧成拙，在黨內高層引起騷動，使得毛澤東對高崗的態度也馬上轉變。毛澤東心想，如果反劉戰略曝光，也許會招致黨內的反感，這次就把怒氣出在高崗的身上。

不過，劉少奇多少也感覺到毛澤東對自己不滿。「頂多是因為做事方式不一樣，時間久了問題就會解決了吧。」他完全沒有要跟毛澤東對決的念頭。他和一直從旁觀察事件來龍去脈的周恩來談過以後，為了保住領袖的威信，決定把高崗當作攻訐目標，控訴他「一邊揮舞毛主席的旗幟，一邊進行反黨活動。」

二月六日的第七屆四中全會上，高崗陷入四面楚歌的局面。他遭到周恩來以及昔日好友陳雲的嚴厲批評，而對他表示同情的饒漱石則是一起被貼上「反黨聯盟」的標籤。

此時此刻，他終於領悟自己已經成爲政治鬥爭的犧牲品，毛主席已經拋棄他了。以他的剛烈個性，實在受不了如此無情的現實，十天後便企圖飲彈自盡，雖然沒有成功，但又在八月十七日吞下大量安眠藥身亡。

至於饒漱石，他和死去的高崗一起被開除黨籍，於一九七五年三月二日死於獄中，享年七十二歲。這場對付高饒反黨聯盟的戰役，毛澤東稱爲「黨內第七次路線鬥爭」。二〇〇八年，八十六歲的李立群女士——高崗的妻子，雖然衷心期盼共產黨高層恢復亡夫的名譽，但也許因爲這個事件關係到毛、劉兩大陣營，她的訴求至今仍未實現。

赫魯雪夫嚇壞毛澤東

高崗下葬後，毛澤東表面上雖然跟劉少奇攜手合作，但鬥倒劉少奇的欲望，並沒有因此消失。後來共產世界發生了一件引發激烈動盪的大事，使得毛澤東更迫切地要扳倒劉少奇。

一九五六年二月，蘇聯共產黨第二十次代表大會中，蘇聯共產黨中央委員會第一書記赫魯雪夫進行報告，把三年前過世的史達林，在位期間的獨裁樣貌與恐怖政治，披露給全世界知道。

這件事在毛澤東心裡留下陰影。「赫魯雪夫這傢伙，在史達林生前不是把他當父親一樣尊敬嗎？爲什麼現在卻說他的執政是恐怖政治呢？」從這時起，毛澤東就開始擔心自己死後會不會像史達林一樣，政績遭到全盤否定，畢竟他從延安時期就以史達林爲典範，逐步建立起衆人對自己的個人崇拜。「如果選出赫魯雪夫這種接班人，一切就完了。」他開始用懷疑的眼光，查看身邊所有的人。

另一方面，劉少奇和周恩來等共黨高層，雖然沒有響應蘇聯批判史達林的行動，但也開始對史達林晚年犯下的個人崇拜錯誤有所警惕。也因此，在同年九月召開的中國共產黨第八次全國人民代表大會，便把「以毛澤東思想爲黨的指導方針」的條文從黨綱中刪掉了，轉而強調集團領導。

不僅如此，被劉少奇等人拔擢爲共產黨總書記的鄧小平，也屢次公開表示：「國內的主要矛盾已經不是敵我矛盾（編按：指無產階級跟黑五類、走資派之間的矛盾），而是落後的生產力與人民對物質文化與日俱增的需求之間的矛盾。」雖然是透徹且具有前瞻性的觀察，但這番說法沒多久就被視爲「階級鬥爭熄滅論」，而成爲被批判的目標。

劉少奇

叫你批中共，你諷毛澤東！

話說毛澤東對這一連串的舉動，雖然感到憤怒，但還是耐住性子仔細關注。他心想：過去把「以毛澤東思想爲黨的指導方針」這句話列入黨綱的，也是你劉少奇。多虧如此，你才成爲僅次於我的第二號人物。事到如今，爲什麼非得把這項條文刪掉呢？還一直說什麼「非敵我矛盾」。難不成他打算挑剔我的「鬥爭哲學」嗎？再這樣放任下去，也許會無視於我的存在……。

毛澤東又開始絞盡腦汁，尋求反擊的機會。「如果黨內沒人回應我的訴求，我就發動民間的力量。」他再度煽動從前幾次運動以來，便累積不少不滿情緒的民主黨派和陷入低潮的知識分子，打算以他們爲武器，懲戒劉少奇、鄧小平、周恩來等人。

他頻頻對黨內外人士呼籲要「百花齊放、百家爭鳴」，意思是要讓不同的藝文形式與風格可以自由發揮，不同流派的科學、思想可以自由地辯論」，更在一九五七年三月呼籲：「用大鳴（百家爭鳴）、大放（百花齊放）、大字報（壁報）、大辯論的方式，大膽批判共產黨吧！」

爲求準備周全，毛澤東連批判的議題都準備好了，就是主觀主義、官僚主義、宗派主義。因爲他估算，批判這幾個議題，不管事情怎麼變化，應該都不會波及到他。

他的確料中了，民主黨派與知識分子的積怨一觸即發。瀰漫在黨和各行政機關的官僚主義遭到嚴厲批評，還有人呼籲司法獨立和新聞自由。其中，儲安平發表的〈向毛主席和周總理提意見〉，特別受到矚目。

儲安平是社會評論家，也是復旦大學教授、半月刊《觀察》以及《光明日報》的總編輯。即便是在國統時代，他也是敢跟蔣介石獨裁政權對抗的文壇勇士。

他說：「一切宗派主義現象的最終根源，以及黨和人民之間矛盾的基本所在，就是『黨天下』的思想問題。」古代的封建帝王把天下當成自己的家，稱為「家天下」；而儲安平的「黨天下」，意思是儘管時代已經改變，「天下」依舊被視為屬於黨，「黨」依舊被視為屬於黨魁。形式雖然改變，但本質是一樣的。這等於是把批評的矛頭，指向堅持無產階級專政路線的毛澤東。

這番發言第二天刊載於《人民日報》和《光明日報》，引起很大的迴響。毛澤東看著這一切，根本無法入眠。

引蛇出洞，知識分子緘默了

經過幾天的沉默，他決定再次從自己的「鬥爭哲學」中，拿出他最擅長的一招——

聯合一方打擊另一方。

劉少奇雖然討厭，但現在民主黨派那些傢伙更爲可恨。如果不擊垮他們，共產政權將岌岌可危，同時，爲了捍衛自己至高無上的絕對地位，他絕對不能饒恕動搖共黨政權的人。

毛澤東對內部發表談話，表示「狀況正不斷變化」，六月便向全黨發布命令：「粉碎右派分子的瘋狂攻擊！」這驚天動地的高聲一呼，讓近幾個月被批判聲浪包圍的無數幹部感到如釋重負，並且興奮不已。他們對毛澤東抱著一股嶄新的感謝與感激，熱烈投入反右派的鬥爭。

因爲毛澤東呼籲「大膽批評共產黨」而紛紛發表意見、提出批評或建言的人，全被貼上右派標籤，遭到處刑、勞改、解除公職等處罰。根據二十年後發表的官方統計顯示，被貼上右派標籤的人共計五十五萬二千八百七十七人，但一般認爲實際人數遠超過這個數字，而且當中絕大多數都是民主黨派人士與知識分子。盛大展開的「百花齊放、百家爭鳴」就這樣在短短數個月內變成「百花齊凋、百家不鳴」。

之後，當毛澤東被問到「百花齊放、百家爭鳴」的眞正含意時，他一邊大笑一邊坦言：「這是『引蛇出洞』的戰術啊！」「引蛇出洞」是指要把蛇從巢穴引誘出來，才能抓到。這只是毛澤東企圖藉民主黨派以及知識分子的力量，懲罰劉少奇等黨內官僚、卻不想表明眞正意圖的推托之詞罷了，但知識分子對他違背信義的戰術感到震驚，也被推入恐怖的深淵當中。

原本知識分子階級的職責，就是在各種領域追求眞相，並指引群衆，但自從「反右派鬥爭」後，就沒有人願意說出眞心話了。只要他們噤口不語，人民就會漸漸受到權力的操弄。往後的「三面紅旗」以及文化大革命，都是知識分子階級沉默的結果。我一直認爲，今天中國所產生的人爲環境汙染、仿冒品氾濫等社會問題，其根源也是知識分子階級的沒落。

儲安平本人則是以「典型的右派分子」名目，遭到解除公職，在文革中受到更殘酷的迫害。自一九六六年九月上旬便下落不明，至今生死不明。另外，文革結束後，儘管約有五十五萬名右派分子得以恢復名譽，但儲安平依舊不在這份名單當中。

當時的右派分子的黑名單，也包括以下名人：

章伯鈞：中國民主同盟副主席、農工民主黨主席、中華人民共和國交通部長

羅隆基：民盟中央副主席、森林工業部長

章乃器：民主建國會創始人、糧食部長

黃琪翔：國民軍陸軍上將、抗日戰爭猛將、農工民主黨副主席

沙文漢：學者、共產黨員、浙江省長、浙江大學校長

費孝通：社會學者、人類學者、民族學者
劉海粟：畫家、藝術教育家
傅　雷：最優秀的法國文學譯者、教育家、美術評論家
錢偉長：奠定力學、應用數學基礎的教育家
黃藥眠：政治活動家、詩人、文藝理論家、教授
丁　玲：作家
石　揮：電影演員、導演

黑五類的悲慘命運

建國初期，共產黨爲了有效統治不穩定的社會，把地主、富農、反革命、壞分子等「四類分子」視爲階級敵人，一直嚴格地加以區分、管制。一九五七年後，再加上右派分子，成爲「黑五類」。

儘管地主、富農的土地跟財產都被奪走了，階級還是跟著他們，到一九八〇年代中期爲止，都必須跟另外三類，生活在社會的最底層。此外，他們的親屬也被烙上「黑五類家族」的烙印，在無產階級專政的制度下，以賤民的身分悲慘度日。雖然他們不是階

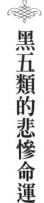

級鬥爭的直接對象，但只要說錯一句話、踏錯一步路，就會馬上變成鬥爭的標靶。

根據資料不完全的統計數據顯示，「黑五類」人數約二千萬人；把配偶、子女及孫子輩等「黑五類家族」都合併計算的話，經年累月默默生活在社會底層的人數，竟然高達一億人。這些人因爲出身的關係，無法獲得適當的學習環境，所以到了五十歲左右，還在社會底層受苦。

在此稍微離題一下。我的雙親是上述列表中「大右派」劉海粟的得意門生。劉老師成爲批鬥目標時，我父親受到牽連，在我出生的第二年便鋃鐺入獄。因此，我也被視爲「黑五類家族」，在文革時升學之路受阻，還被迫從事道路工程的勞動工作。當我終於如願進入大學就讀時，已經是三十歲來到日本以後的事了。

全民總動員——殺麻雀

毛澤東反掌之間就打倒數十萬的「右派分子」，在黨內的威望比戰爭年代還要高。

一九五八年一月，他跟大自然也展開戰爭，這次的敵人竟然是「麻雀」。不知道他的發想是不是來自田裡的稻草人，因爲麻雀會啄食農作物，於是突然被當作「害蟲」。因此根據毛主席的命令，全國展開了「麻雀大圍剿」。

大人拿著空氣槍、小孩拿著彈弓、沒有武器的人就爬到屋頂上放鞭炮、敲銅鑼。從早吵鬧到晚，可憐的麻雀連巢也回不去，想在樹枝上休息又會被不知從哪飛來的彈丸攻擊。就這樣飛了一整天，最後力氣用盡，掉到地面累死。據說在一九五八年一年內被「殲滅」的麻雀，超過二億一千萬隻。

但是愚行一定會招來報應，當人民從瘋狂中覺醒過來，都市的行道樹和農村的作物已經被眞正的「害蟲」吃個一乾二淨。這是專吃害蟲的麻雀消失殆盡的必然結果。

自「麻雀大圍剿」的鬧劇過了五十年以後，我來到日本也已經二十年了。我現在每天都會在小陽台拿小米餵麻雀。一邊看著忙著啄食的小生命，一邊想著如果這些小米可以慰藉你們大海另一頭殞命的同類就好了。

三面紅旗，整翻六億人

幾乎和「對麻雀宣戰」同一時間，毛澤東也把手伸進經濟建設的領域。一九五八年一月二十八日，他在臨時最高國務會議中承諾以下目標：「十五年內，以鋼鐵爲首的重工業，要超越英國。」他利用至高的威信，揮舞「三面紅旗」。「三面紅旗」是指社會主義總路線、大躍進、人民公社，內容如下：

一、總路線：「要多點、要快點、要好點、要省點」建設社會主義。

二、大躍進：超英趕美。在工業上要「大煉鋼」（土法煉鋼運動），在農業上要「大增產」。

三、人民公社：土地與生產材料都歸人民公社所有，並統一利用。取而代之的是，社員可以免費從公共食堂獲得食物。一九五八年，毛澤東視察河南的人民公社，大大讚賞公社的模式，因此人民公社的模式急速擴展至全國各地。全國約有九九%的農戶，相當大約一億二千多萬戶，「志願」加入人民公社。

然而，從還沒推出「三面紅旗」之前，周恩來就提出「反冒進」，企圖中止脫離現實又過度激烈的經濟建設。

但是在一九五八年一月召開的南寧會議上，毛澤東點名責難周恩來，批評他說：「不要再提反冒進，這是一個政治問題。反冒進使六億人民洩了氣，是方針性的錯誤。」他甚至威脅說：「再這樣下去，你和右派的距離就只有五十米了喔。」

周恩來屈服於其壓力之下，再三進行自我批判，甚至考慮暫時辭去總理職務。雖然在劉少奇、朱德、鄧小平、彭德懷等人強力慰留下打消念頭，不過這件事是務實派的周恩來，企圖阻止毛澤東失控的最後努力。其後，他便一心一意地執行身爲毛主席追隨者應盡的職責。順帶一提，與周恩來同時受到毛澤東斥責的還有財政經濟委員會主任陳雲。

劉少奇對毛澤東凶狠的模樣只能目瞪口呆，在五月舉行的第八屆二中全會上，幾乎全面性地接受毛澤東的「三面紅旗」提案。

那麼，我們就來看看聽不進任何諫言的毛澤東，會有多少能耐。

形同製造垃圾的「大煉鋼」

「工業大煉鋼」的關鍵字是「大」。首要目標是把一九五八年的產量增加至前一年的兩倍，也就是一千零七十萬噸。接著是把一九五九年的目標拉高到二千七百萬噸到三千萬噸。

為了這個目標，約有九千萬人受到動員。不論是都市或農村，所有街道、工作場所、農地都開始利用小型土法煉鋼爐進行煉鋼運動。為了取得燃料，森林遭到無情的砍伐；為了取得原料，大多數的民家都沒了鐵鍋；為了取得人力，不管是農閒還是農忙期，所有農民都被從田裡趕了出來。然而結果實在令人不忍卒睹。

到了年底，包括鋼鐵聯合企業的總生產量，總共製造了一千零七十三萬噸的鐵，雖然達到目標，但其中土法煉鋼法製造的四百多萬噸，跟垃圾沒什麼兩樣，完全無法使用，反而帶來了無法復原的環境破壞、資金流失，以及農業人口大幅減少等惡果。因此我不得不說，「大煉鋼」眞是有百害而無一利。

大增產，餓死兩千萬人

「農業大增產」的關鍵字還是「大」。受到媒體煽動的人民公社和生產隊開始互相較勁，競爭收穫量。隨著較勁愈演愈烈，開始出現比實際收穫量高出十倍甚至百倍的指標。指標當時也稱爲「農業衛星」。然而生性小心翼翼的農民；爲什麼會扯謊扯到這個地步呢？

問題就在於派遣「工作組」到農村的做法。在工作組的嚴厲監視下，如果不把「衛星」拉高一點，公社以及工作組的幹部就會遭到批鬥。然而，雖然虛構的指標可以逃過悽慘的下場，但是一到收成期，工作組就會敲鑼打鼓地跑來按照指標徵收穀物。結果，工作組根本不管你拿不拿得出來，都會把穀物搜刮到顆粒不留。

據說在情況比較嚴重的地方，如果有農民埋怨「顆粒不留」，還會被拉到鬥爭大會上，被大家批鬥爲「右傾」、「反三面紅旗」，一直到死爲止。這種例子屢見不鮮。

這種狀況持續下去，不管公共食堂或社員的家，糧食都已經見底了。如果是以往，農民遇到作物欠收，就會投靠住在都市的親戚，如果可以沒有幫忙的親戚，甚至會去乞討來捱過眼前的劫難。但是一九五八年一月，農村人口遭到政府嚴格管制，農民連一步也無法踏出去。

如此一來，剩下的路就只有一條——等著餓死。自一九五九年開始的三年大饑荒，就是政府錯誤政策引起的慘烈大事件。但當時的政府卻宣告饑荒是「自然災害」，連死亡人數也雲淡風輕地被抹滅了。一直到改革開放以後的一九八〇年代後半，這些事實才一點一滴地明朗化。

在那三年大饑荒中，局部區域雖然有災害發生，但並沒有發生席捲全國的大型水患、風災、旱災和蟲害。儘管如此，全國餓死的人卻超過二千萬人，這可是和抗日戰爭的死亡人數足以相比擬的恐怖數字，而死亡的幾乎都是身為糧食生產者的農民。

然而，政府當局用這種方式從農民身上壓榨的糧食，到底要用在什麼地方呢？事實上，政府為了要加速發展軍事重工業，而出口糧食到蘇聯以及東歐的社會主義國家，即便把發生全國性饑荒的一九五九年也列入計算，出口糧食的總量也超過往年。同年的總出口量為四百一十五萬七千五百噸，數量來到歷史新高。只要停止出口糧食，應該可以解救農民免於饑荒，不是嗎？

中國的農民在戰爭年代賭上性命支持共產黨，建國以後也相信黨，委身政治風潮之中。但不幸的是，他們在和平時代的「三面紅旗」飄揚之下，每個家庭、每個村莊慢慢地衰弱，最後氣絕身亡。即便如此，直到今天國家都沒有給予任何安慰、補償。

毛澤東無疑是共產世界中最大的口號製造者，「三面紅旗」的構想根本就是脫離現實的瘋狂產物。

神仙大會，毛澤東決心鬥倒彭德懷

關於大躍進的負面消息四處流傳，一九五九年七月二日，就在多數農民都在挨餓的同時，毛澤東在他最愛的避暑勝地廬山召開政治局擴大會議。

會中雖然有人對「大煉鋼」和「農業衛星」的做法表示意見，但是毛澤東輕巧地迴避了這些批評，並表示：「總路線的特徵在於多、快、好、省，是不會錯的。大躍進和人民公社運動如果有什麼缺點，也不過是十根手指中的一根手指。」

他環顧會場，繼續說：「還有，這次的會議選在風光明媚的仙境廬山，所以白天就開會跟遊山，晚上就散步開舞會，來辦一場『神仙大會』如何？」

在一片歡呼聲中，有一個人感到不悅，就是國防部長彭德懷。他心想：明明餓死這麼多人，還說只是十根手指中的一根！還說這是「神仙大會」，也太不負責任了吧！

到廬山之前，他曾經視察農村，親眼見到「三面紅旗」的弊病。即便如此，他爲了給毛澤東面子，所以沒有透過公開發言，而是用私人信件的形式表達自己的憂慮。在七月十四日交給毛澤東的信中，彭德懷列舉了許多事實，表示毛澤東政策錯誤，建議改變政策，並以「浮誇風、小高爐等等，都不過是表面現象；缺乏民主、個人崇拜，才是這一切弊病的根源。」爲結論。

毛澤東跟讀到儲安平〈向毛主席和周總理提意見〉一文時一樣，又無法入眠了。往事在他的腦海裡來回穿梭：長子毛岸英戰死韓國、不久前彭德懷才批評毛澤東的私生活、之後又把毛澤東的舞伴「中南海文工團」給解散了、彭德懷訪問東歐各國時，被當成抗美國英雄款待，還有眼前這封信……。毛澤東心想：這一定是對我宣戰的公告。姓彭的，我一直在等要你謝罪的日子，這個時機終於來了。

自韓戰以來，毛澤東一直認爲，有一天一定會和彭對決。但他身爲鬥爭專家，穩操勝券之前絕不會行動。要打倒彭德懷，他還需要政、軍兩方面的強力助手，最適當的人選，就是劉少奇和林彪。

爲此，毛澤東在去年四月就狠下心，把國家主席的寶座讓給劉少奇。而對林彪，他也準備了最適當的報酬。這正是聯合一派打擊另一派的「鬥爭哲學」，是毛澤東爲了勝利不惜代價所下的賭注。

另一方面，劉少奇也認為，為了感謝毛澤東，當然要全力回報。而經歷了各式各樣的運動與鬥爭後，身心俱疲的人民也再次振奮起來，陶醉在史上罕見的君臣融洽的假象中。

「戰鬥的時機已經成熟了，現在只要等待開戰的機會。」就在毛澤東如此認為之際，彭德懷送來了這封信。

把切合時事的壞事都推給你

毛澤東將彭德懷的信件貼上「彭德懷同志的意見書」的標題，發送副本給所有的與會者。大家都猜不出毛澤東的真正意圖，正在彼此面面相覷，然後，休養中的林彪出乎意料地現身廬山。他的現身讓與會者大感震驚，秀麗平靜的廬山突然充滿詭異的氣氛。

林彪和毛澤東在房間裡，經過一番密談後，就匆匆離開廬山，沒有人知道密談的內容。林彪離開之後，毛彭之間進行了一番可怕的應答。兩人都是湖南人，都有湖南騾子的脾氣，雙方都不肯退讓一步。

林彪再度回到廬山，已經是十天之後，也就是七月二十九日的事。在此期間，他依照毛澤東的命令，做好打倒、監禁彭德懷的事前準備。回到廬山後，林彪這位智將，便開始對彭德懷這位猛將展開攻擊。

彭德懷

「你是野心家、陰謀家。在中國只有毛主席是大英雄。像你這樣的人是不可能成為英雄的。」劉少奇也附和林彪的攻擊，一邊敲桌子、一邊大喊著要和彭德懷「總決算」。兩人的批判讓會議的氣氛為之一變，「神仙大會」變成對彭鬥爭的「惡魔大會」。

看到這番光景，毛澤東便開始對彭德懷悠悠地說起話來，先一一細數自紅軍時代以來對彭德懷所累積的不滿。「像你這樣的人，從以前就對我三分合作、七分不合作。」

只要被毛澤東視為敵人，他就會全盤否定這個人過去的一切，這似乎是毛澤東的習性。他一邊環顧會場，一邊下結論說：「如果不打倒這股反黨、反馬克思的思潮，三面紅旗就會倒下，黨和人民就要遭受重大的損失。」

毛澤東一表態，他的手下就爭先恐後地對彭德懷破口大罵。到了八月二日，彭德懷以及支持他的解放軍總參謀長黃克誠、前共產黨總書記與中國駐蘇聯大使館大使張聞天、共產黨湖南省委員會書記周小舟等人，終於被貼上「彭黃張周反黨集團」的標籤，被冠上「裡通外國」的不實罪名，成為新階級鬥爭的標靶。

「裡通外國」是指做外敵的內應，正巧這個時候，赫魯雪夫和毛澤東反目，打算停止援助中國。把切合時勢的壞事都推給敵人，這似乎也是毛澤東「鬥爭哲學」的必殺絕技。

在廬山對彭德懷的鬥爭，毛澤東稱爲「第八次路線鬥爭」。會議終了後，毛澤東發起全國性的「反右傾運動」，超過一萬名共產黨員在這段時間遭到無情的對待。

只有彭德懷不可恢復名譽

遺憾的是，實務派的劉少奇、鄧小平、周恩來等人，雖然很清楚「三面紅旗」的弊端，卻沒有勇氣糾正毛澤東的極左路線。相反的，劉少奇爲了報答毛澤東，反而幫忙打倒彭德懷。

三年後，他雖然以國家主席的身分努力平反因「三面紅旗」而被打垮的幹部名譽，卻表示：「只有彭德懷不可以恢復名譽。」最大的原因，就在於彭德懷「目中無人」的個性。因爲在與毛澤東針鋒相對之後，彭德懷竟然一步也不退讓，以毛澤東的接班人自居的劉少奇，害怕自己壓不住他。

但歷史是無情的，違背良知的行動遲早都會遭到報應。和毛澤東一起打倒彭德懷的劉少奇，沒多久也被相同方式扳倒。此後林彪接替彭德懷成爲國防部長，在文革中以「毛主席最親密的戰友」攀上人生最高峰，但他作夢也沒想到，這正是他人生悲劇的開端。

且說彭德懷在文化大革命中，被捲入更慘烈的鬥爭風暴。他被拉到超過兩百場以上的鬥爭大會，被大家拳打腳踢，甚至還斷了兩根肋骨。

一九七四年九月，彭德懷被檢驗出罹患直腸癌，卻無法獲得妥善治療。就在病況一天天的惡化當中，儘管他向監視人員苦苦哀求，希望能見妻子浦安修一面，卻沒有獲得許可。同年十一月二十九日，彭德懷終於在劇痛與孤獨的折磨下離開人世。這是身爲軍、政兩界最誠實且品德高尚的英雄，最悲慘的下場。

他被匆忙火葬後，骨灰箱上只寫了三個字：「王川，男」。即便死了，骨灰也不准冠上本名，這種下場眞是悲哀。雖然不能肯定這種處理方式是不是毛澤東的指示，但彭德懷畢竟是毛澤東數十年來的作戰夥伴，對這種無情的處置視而不見，毛澤東也太冷血了。

一直到文革結束後的一九七八年，彭德懷的名譽才終於獲得平反。

七千人大會，毛澤東失去實權

一九六一年的四到五月之間，劉少奇回到湖南的故鄉寧鄉，進行四十天左右的考察。他親眼見到人民公社的弊病，詳細了解農民慘狀後，不禁感到心痛不已。到處都有農民因爲餓到受不了而把路邊的餓莩遺骸挖出來吃。劉少奇感到良心受到譴責，跟彭德懷抱著幾乎相同的想法，開始對「三面紅旗」進行反省。

一九六二年一月十一日，毛澤東與周恩來一同在北京召開擴大中央工作會議，召集了中央、地方以及各重要企業與軍隊的共黨幹部約七千人。因爲這是自共產黨成立以來規模最大的會議，因此也被稱作「七千人大會」。

議題之一是對「三面紅旗」的再認識。但在毛澤東的至高權力之前，沒有一個人敢直接痛陳大躍進等措施的失當。劉少奇與鄧小平的發言也只是一再強調「三面紅旗不是路線錯誤，是執行總路線的具體政策、具體工作中犯了錯誤。」

雖然努力顧及毛澤東的面子，但農民的慘狀還是浮上劉少奇的心頭。他最後終於脫稿演出，說：「我們必須認眞思考，這幾年發生的問題，到底主要是由於天災呢，還是由於我們工作中的缺點錯誤呢？湖南農民有一句話，他們說是『三分天災，七分人禍』。」

這番發言震撼了許多大多數與會者的心。因爲這是大家心知肚明、卻說不出口的事實。緊接著，參加者便開始闡述各自領域或地方上的現狀，一邊自我批判、一邊訴說對政策的不滿。

面對這種狀況，被毛澤東叫來當幫手的新任國防部長林彪跳出來，發表了非常「獨到」的見解：「會遇到這些困難，恰恰是由於我們有許多事情沒有按照毛主席的指示去做而造成的，如果按毛主席的指示去做，如都聽毛主席的話，那麼困難會小的多，彎路會彎得小些。」

對於林彪這番發言，毛澤東大聲喝采，下令這番話一定要寫進大會紀錄。劉少奇再也無法忍受毛澤東這種完全無視於事實的態度，在休息時繼續對毛澤東窮追不捨：「歷史上人相食，是要上書的，是要下『罪己詔』的。再這樣下去，我們兩個會被當成搞出人相食的領導，被寫進史書裡啊。」

事實上，在中國悠久的歷史中，因爲戰亂、饑荒，曾數度發生人吃人的慘狀。每一次，史家都會以冷靜的筆調記錄下來，作爲執政者的歷史審判。劉少奇考慮到這一點，警告毛澤東如果不修正政策，將會背負永遠的汙名。

這番話聽在毛澤東的耳裡，等於是下了戰帖。「我明明還活著，你就紅著眼開始咬我。要是我死了，你不就會把所有過錯都推給我嗎？」

就在三個月前，蘇聯共產黨召開第二十二屆代表大會，根據赫魯雪夫的提案，史達林的遺骸被移出供民眾瞻仰的紅場火化。在毛澤東的眼中，劉少奇現在就是赫魯雪夫。

到目前爲止的許多史料顯示，從七千人大會之後，毛澤東便失去黨內的實權。但實際上，他之所以把權力讓給劉少奇和鄧小平，只是爲了收拾「三面紅旗」的爛攤子。

四清運動，馬克思加秦始皇

七千人大會之後，毛澤東深感自己在黨內愈來愈孤立無援，爲了捲土重來，他用盡心力使出手中的三樣法寶：對軍隊的徹底控制、再掀個人崇拜、加深階級鬥爭。

第一步，毛澤東透過周恩來的幫忙調整各軍區，下令司令官不帶部屬，單獨進行職務調動。單獨調動職務使得兵將之間的同袍之情變得比較薄弱，國防部長等元帥，作爲軍隊的行政官員，也成了無法調動部隊的裝飾品。取而代之的，主宰中央軍事委員會的毛澤東，卻可以控制全軍，連一兵一卒的動向都可以掌握。

第二步，毛澤東在九月召開中共八屆十中全會上，再度強調階級鬥爭。「階級鬥爭要年年講、月月講、天天講。」「千萬不要忘記階級鬥爭。」這些口號都充滿著殺氣。

第三步，毛澤東傾全力發動全國民眾對他的個人崇拜，尤其是學生。其中一例就是一九六三年三月，他呼籲全國：「向雷鋒同志學習。」雷鋒是一名解放軍，是一個老實的年輕人。他在前一年的一場事故中身亡，生前在日記中反覆書寫對毛主席和共產黨的忠誠。因此他生前的種種善行，都被宣傳成是受到毛澤東思想的薰陶。說白一點，讚美雷鋒就是讚美毛澤東思想。

劉少奇和鄧小平也跟著毛澤東，發表讚美雷鋒的題辭跟談話。他們根本不知道，這股個人崇拜的狂潮，沒多久就會成爲打倒自己的武器。相反的，他們似乎認爲，如果可以用毛澤東最執著的個人崇拜來慰藉他放下實權的不平，自己也可以更安心地全力投注在經濟復甦上。

同年的五月九日，毛澤東爲了加強階級鬥爭，提出「社會主義教育運動」，並發起「清政治、清經濟、清組織、清思想」的四清運動。「如果我們不警惕，少則幾年、十幾年，多則幾十年，就不可避免地要出現全國性的反革命復辟，馬列主義的黨就一定會變成修正主義的黨，變成法西斯黨，整個中國就要變色了。」

毛澤東不斷強調的「全國性反革命復辟」到底是什麼？他高舉的劍到底會揮向誰？此時此刻，除了毛澤東，誰也不知道。只是很多人都一邊顫抖一邊有著不祥預感，認爲一定會有大事發生，又有更多染血的鬥爭要展開。令人驕傲的建國喜悅，沒多久就消失了。

文革發生前的十七年間，運動與鬥爭一件接著一件，而且激烈程度愈演愈烈。如果用毛澤東的話來說，就是「民法和刑法那一類法律都不需要了。民法刑法那樣多條誰記得了？一搞大躍進，就沒時間犯法了。這也可以說是馬克思加上秦始皇。」而且，實際上他也透過接二連三的運動和鬥爭，建構並徹底捍衛自己的絕對權力。

他踐踏富農、反革命、壞分子、右派等「黑五類」，攻擊黨內異端，高舉瘋狂的「三面紅旗」，讓許多人民失去寶貴的性命，而且其中有很多是國家的棟樑與英才。但對毛澤東來說，這些根本不算什麼。因為不對他表示絕對效忠的人，愈是英才就愈危險。

七千人大會以後，劉少奇一邊認真施政，一邊恢復平反「三面紅旗」的幹部名譽。也因此，他身為國家主席的威信大大提高。但這種狀況只會加深毛澤東的猜忌，激起他的鬥爭欲望。在劉少奇身邊實心做事的黨內多數派，在毛澤東眼裡，就像一個在跟自己唱反調的司令部。

「不可以再放任下去了。」毛澤東為了擊破這個司令部，運用這三個法寶，決心發起「無產階級文化大革命」。血紅的陰影，將覆蓋整個中國大地。

第十章　文化大革命有多瘋狂？

「革命無罪，造反有理」的紅衛兵，把毛澤東造神運動推到最高峰。

《海瑞罷官》點燃北京戰火

由於劉少奇的勢力已經滲透到全黨和全國的行政機關，因此即便是毛澤東，也不可能在開會現場直接對他開炮，毛澤東在一九五三年的財經工作會議上，已經嚐過失敗的苦果。如果要一舉擊潰劉少奇，就必須從他的根基「司令部」開始破壞。在毛澤東心中，戰鬥的興奮感正在升高。

他選擇身兼北京市副市長、北京大學教授、明史學者的吳晗（音「含」），及其作品京劇《海瑞罷官》作為前哨戰。這種做法雖然跟先前批判電影《武訓傳》的手法非常雷同，但更具「一石二鳥」的效果。

因為既然稱為「文化大革命」，目標當然要對準文化人。但如果只有掃到文化人，鬥爭就只能侷限在五〇年代初期對《武訓傳》的批判，而變成對知識階級的思想改造了。因此，吳晗身兼文化人及北京副市長的雙重身分，才會雀屏中選。毛澤東對「文化大革命」的戰略意圖，正是從文化方面找出破口，撼動「司令部」的根基北京市政府，然後再拉下劉少奇一派。

《海瑞罷官》是吳晗在一九六〇年完成的戲曲，主角海瑞是明朝的大臣，因爲直諫嘉靖皇帝的無道，而遭到罷官下獄。一九五〇年代後期，嗜讀史書的口號製造專家毛澤東，喊出這樣的口號：「要學習海瑞剛正不阿、敢言直諫的精神。」

身爲明史研究者的吳晗，把毛澤東的話當眞，在公務繁忙之餘還不辭辛勞地寫出《海瑞罷官》。這部戲曲剛問世時的確受到各界的好評，也受到毛澤東本人的讚揚，甚至還送他一本親筆簽名的《毛澤東選集》。陶醉在恩寵之中的吳晗，壓根沒想到自己已經成了「引蛇出洞」中的那條蛇了。

一九六五年一月，毛澤東授意江青，於上海和張春橋、姚文元等人勾結，對《海瑞罷官》進行批判。這三人後來成爲四人幫的主要成員。江青等人花了半年時間，九度修改名爲〈評新編歷史劇海瑞罷官〉的批判文章，並用專機飛到北京，三度請毛主席修正，最後於十一月十日的上海《文匯報》上發表。

執筆的姚文元不愧是挑錯的行家。他批評《海瑞罷官》充滿「反人民公社、反社會

彭真

主義」的惡臭，藉由褒揚海瑞，替地主、富農、反革命、右派、壞分子等「黑五類」鳴不平之聲。

從此以後，江青等人批判的聲浪便逐漸提高。根據他們的說法，《海瑞罷官》中海瑞跟嘉靖皇帝的關係，實際上是影射廬山會議中毛澤東和彭德懷的鬥爭。海瑞指責嘉靖皇帝無道，就是暗喻彭德懷攻擊毛主席。總之，這齣京劇的眞正用意是替彭德懷翻案，是貨眞價實的「反黨反社會主義的大毒草」。

吳晗對突如其來的攻擊十分激動，立刻提出反擊。他的上司，北京市共產黨委員會書記兼市長彭眞，壓根沒想到幕後黑手是毛澤東，因此努力保全吳晗。彭眞先是用盡各種手段阻止《人民日報》及北京各大報社轉載姚文元的文章，接著爲了讓批判侷限在文藝、學術的範疇，著手統整《關於當前學術討論的彙報提綱》（又稱爲《二月提綱》）並發送給各部門。這一切都是爲了不讓事件演變爲政治和人身攻擊所做的努力。

只不過，彭眞的努力無異是在毛澤東好不容易點燃的鬥爭之火上澆了一盆冷水。毛澤東一邊看著彭眞「不擴大」的令旗，一邊喃喃地說：「既然如此，我就從你開始下手。」他下定決心，要把攻擊北京市政府做爲摧毀「司令部」根基的第一步。

毛澤東借刀殺人

一九六六年，決定命運的一年來了。爲了以防萬一，毛澤東從前一年就離開北京，在武漢、杭州、上海等地進行「運動戰」。在北京，劉少奇的勢力很大，如果處理得不好，可能一不小心就會被做掉——就是這股充滿妄想的猜忌，促使他前往南方。

毛澤東先利用遠距離操控的方式，借林彪之手，將彭眞以及跟他親近的解放軍總參謀長羅瑞卿解除職位、監禁起來。罪名雖然是「反黨篡軍」，不過主因是他們反對毛澤東和林彪的「政治第一」，提倡「軍人應以實戰、實務技能爲首要之務」。總之要羅織罪狀，哪裡會愁沒有藉口，這也是毛澤東「鬥爭哲學」的鐵則。

批鬥羅瑞卿

此後，毛澤東便利用姚文元等御用文人，打算把吳晗逼到絕境。當時吳晗與《人民日報》社長鄧拓、北京市統一戰線工作部部長廖沫沙等人，在北京市共產黨的黨刊《前線》上開闢了一個名爲《三家村札記》的專欄，輪流寫一些關於時事、歷史、文藝、思想等的評論文章，頗受民衆好評。

不過禍從天降，到了五月，《三家村札記》突然被批評爲「反黨反社會主義的大毒草，是一個有計畫地復辟資本主義、推翻無產階級專政的輿論道具」而被中止連載，三位作者也遭到軟禁，強迫進行自我批判。

而彭眞失去軍隊的後盾和文壇、媒體的幫助，就如同失去左右手，沒多久就被調離現職，過著天天被人跟監的生活。

五一六通知揭開文革序幕

五月中旬，毛澤東親自修改過的《中國共產黨中央委員會通知》送到上海的江青、陳伯達手中。

「如同赫魯雪夫一般的人物，現在就睡在我們身邊。」

陳伯達讀到這段內容時不禁一凜，趕忙問江青：「彭眞明明已經被搼倒了不是？這、這段話指的是誰啊？」

江青瞪著陳伯達，「你也跟著傻了啊，你是說你連中國的赫魯雪夫是誰都不知道嗎？這個人，就是你過去大力讚賞過的、《論共產黨員的修養》的作者啊。再不小心一點，你也會很危險喔。哈哈哈……。」

雖然身爲毛澤東的心腹，不過陳伯達此時才從江青口中得知毛主席的眞正意圖。《論共產黨員的修養》這本論文集後來被批爲是「黑修養」，作者不是別人，正是中華人民共和國的國家主席劉少奇。

五月十六日，北京召開中央政治局擴大會議，在毛澤東不在的情況下，《中國共產黨中央委員會通知》被採納了。因爲這份被視爲揭開文化大革命序幕的通知上頭標註著日期，所以也被稱爲《五一六通知》。

因爲這份文件，彭眞被扣上「反黨集團首腦」的罪名，被解職並遭到監禁；取而代之的，是設立「中央文化革命小組」（以下簡稱「中央文革」），組長爲陳伯達，第一副組長爲江青，康生則是擔任顧問。

在這場前哨戰中，隨著彭眞一起失勢下台的，除了解放軍總參謀長羅瑞卿，還有中央宣傳部部長兼文化部部長陸定一和中央軍事委員會祕書長楊尙昆。他們是文革初期最先被鬥倒的共產黨高級幹部，當時被稱爲「彭羅陸楊反黨集團」。

其中，羅瑞卿因爲對不實的罪名氣憤難當，而企圖跳樓自殺，不過失敗了。其後四人忍受超過十年的非人道待遇，文革結束後才得以重返政壇。特別是楊尙昆，他在後鄧小平時代還以國家主席的身分，全力支持鄧小平的改革開放。

然而，對吳晗等文人的鬥爭卻愈演愈烈。吳晗受盡各種侮辱後，於一九七六年十月十一日在獄中自殺，其妻袁震也被迫害致死，連女兒吳小彥也被送進精神病院，最後自殺身亡。只因一本小小的劇本，而且還是呼應毛主席的口號，多少有點爲了奉承才寫出來的作品，卻因此落得家破人亡。

另一方面，鄧拓因爲受不了來自毛澤東的壓力，在《五一六通知》發布的二天後便自殺身亡。至此，《三家村札記》專欄的倖存者只剩下廖沫沙了。廖沫沙雖然同被關入監牢，但他保持著樂觀的心態生存下來。文革之後，他在一九七九年獲得平反，並且重返政壇。

順帶一提，無論吳晗還是鄧拓，都是一九七九年透過當時中央宣傳部部長胡耀邦的努力，才得以恢復名譽。不過這已是他們亡故十幾年以後的事了。

劉少奇爲什麼不抵抗？

北京市政府即將瓦解之際，劉少奇還沒察覺毛澤東的眞正意圖。六月二十七日，他在人民大會堂與民主人士的座談會上，說：「彭、羅、陸、楊他們的互相關係是不正常的，……他們共同特點是反對毛主席，反對毛澤東思想，都是搞地下活動的。」但他們究竟是怎樣「反毛主席」，老實說劉少奇自己也不是很了解。

這裡又想來提提歷史上的「如果」了，如果此刻劉少奇和鄧小平識破毛澤東的陰謀，利用自身在黨內的威信和勢力圖謀反抗的話，應該可以阻止毛澤東的暴行，讓中國免於文化大革命的災難。

但他們屈服在毛澤東的淫威之下，被毛澤東牽著鼻子走，甚至還火上加油，助長毛澤東對北京市政府的攻擊。結果本來應該團結的同志相繼失勢，反而失去自己的根據地，讓司令部陷入毫無防備的狀態。

他們完全不曾試著抵抗毛澤東，到底是爲什麼？我將原因歸納爲以下三點：首先，劉、鄧兩人長年追隨毛澤東，無法完全捨棄對毛澤東的個人崇拜。其次，他們僥倖心態作祟，認爲自己立下許多汗馬功勞，不可能會被毛澤東攻擊。第三，最重要的是他們已經歷經過多次政治運動，強烈的不信任感已經深植在彼此的心中，早就沒力氣再組成同盟了。於是，毛澤東最得意的戰術「各個擊破」奏效，終於讓他們走上失勢落魄一途。

由批判《海瑞罷官》和《三家村札記》所引起的北京市政府垮台，宣告著文化大革命已經爆發。

「打倒一切牛鬼蛇神」的紅衛兵

因為對「彭羅陸楊」的攻擊是私下進行的，在社會上引發的震撼沒有達到毛澤東預期的程度。「要讓司令部垮台，就得多加利用『人民戰爭』的手段。」毛澤東抱持著這種想法，命令中央文革的實際指導者康生，在北京大學點燃造反的火焰。對毛澤東而言，康生是他最機靈的鬥犬。

於是康生的妻子曹軼歐前往北京大學，她避開學校的行政機關，和哲學系的共產黨分部書記聶元梓祕密會面。

打從「四清運動」以來，聶元梓和大學的共產黨委員會書記（以下簡稱「黨委」）陸平等人之間，就不斷針對運動的情況進行激烈的爭辯。但因為學校的黨委和學系的黨分部之間是上下關係，當時的市長彭眞當然會站在陸平這邊，而打壓聶元梓的勢力。此時彭眞已經垮台，曹軼歐便極力點燃聶元梓對陸平等人的不滿，企圖讓中國最高學府北京大學陷入混亂。她的企圖完全成功。

五月二十五日，聶元梓和其他六名教員聯名，貼出名為《宋碩、陸平、彭珮雲在文化革命中究竟幹些什麼？》的大字報。我們就來看看這篇把火藥裝塡完畢的文章結尾吧：

「一切革命的知識分子，是戰鬥的時候了！讓我們團結起來，高舉毛澤東思想的偉大紅旗，團結在黨中央和毛主席的周圍，打破修正主義的種種控制和一切陰謀詭計，堅決、徹底、乾淨、全部地消滅一切牛鬼蛇神、一切赫魯雪夫式的反革命的修正主義分子，把社會主義革命進行到底。保衛黨中央！保衛毛澤東思想！保衛無產階級專政！」

歡呼高歌的紅衛兵

「牛鬼蛇神」是文革中用來批判「階級敵人」的詞彙，這份大字報的謄本沒多久就送到毛澤東手中，毛澤東讀完以後拍案叫絕。六月一日夜晚，在毛澤東的命令下，聶元梓的大字報內容透過中央人民廣播電台，向全國播送。

第二天，這篇文章以「第一張馬列主義大字報」的標題，刊登在《人民日報》上。就在三天以前，中央文革的組長陳伯達剛取得《人民日報》的主導權。值得注意的是，報紙還大肆宣傳「第一張馬列主義大字報」這個標題是毛澤東親自加上去的，這等於向大眾宣布，毛澤東支持群眾對黨以及行政機關的造反。

年輕人興奮、狂熱極了。他們雖然不知道是什麼在威脅著毛澤東，卻可以感受到威脅的存在，於是他們成立一個名為「紅衛兵」的組織，這個組織很快就如野火燎原般在全國蔓延。

令人驚訝的是，做開路先鋒的，都是國中生和高中生。他們打算奉獻過剩的年輕精力，用來保護最敬愛的毛主席。從學校、家庭蜂擁而出的年輕人聚集在公園裡、廣場上，熱血沸騰地宣誓：「為了保護偉大的領袖毛主席，我們要奮戰到底！」「打倒所有反對毛主席的人！」

六月十八日，紅衛兵衝進北京大學，把六十幾名教員拉到鬥爭大會上，在他們臉上潑墨汁，對他們拳打腳踢。這件事開啓了學生包圍批判教員的惡例，史稱「六一八事件」。一切就如毛澤東期待的，混亂正不斷擴大。

反工作組，反劉少奇

另一方面，正在北京執行日常勤務的劉少奇，一直在苦思如何收拾逐漸擴大的混亂，結果還是用上土地改革運動時的老方法——派遣工作組前往各地學校。他解讀不出毛澤東眞正的意圖，還特意跟鄧小平一起搭乘專機前往武漢，希望派遣工作組的事能得到毛澤東的理解。

然而，儘管他們的目的是收拾混亂的局面，但所謂的工作組，還是必須仰賴鬥爭和威嚇，才能產生效用。工作組進駐學校以後，因爲站在當局立場，反而立刻招來學生的對立。他們根據劉少奇的指示，在學校所有的牆壁貼上以下標語：「反對工作組就是反對黨中央」、「要無限信賴工作組」。學生只要表現出反抗工作組的意圖，就會受到批判，被貼上「右派」的標籤。

根據不完全的資料統計，北京二十幾間中學及高中當中，在二、三個禮拜之內，就有超過一萬名學生變成「右派」，而同情這些學生的數千名教師，也被冠上「反革命」的罪行。學生運動的氣燄看似逐漸衰微。

劉少奇在經濟建設上的確累積了値得誇耀的成績，但他在這場運動中的決定眞的很愚蠢。他誤會了毛澤東對派出工作組的理解，以爲就像當初的「反右派鬥爭」，把這些未來的知識分子——學生視爲鬥爭對象了。

一直關注事態發展的毛澤東，在七月十八日終於動身前往北京，挑起最後一戰的時刻終於到了。在翌日召開的中央會議中，劉少奇懷疑自己是不是聽錯了毛主席所說的話。

「派工作組是錯誤的。誰去鎭壓學生運動？只有北洋軍閥。凡是鎭壓學生運動的人都沒有好下場！」

劉少奇非常震驚，並派出自己的妻子王光美前往清華大學，想要平息學生的憤怒與激動，卻爲時已晚。

先前，江青的中央文革已經在包括北京大學在內的多所學校，掀起反工作組的氣燄，他們呼喊：「六一八事件是革命性的，推動工作組就是走上資產階級反動路線。毛主席是支持你們革命派的！」學生因此再度漸趨狂熱，已經沒有什麼可以阻止他們了。

即便如此，毛澤東還是覺得不夠，他派出深受民衆歡迎的周恩來前往清華大學，讓他探查「文化大革命的進展狀況」。周恩來和藹的笑容和企圖強行挽回工作組聲望的王光美比起來，更能贏得學生的心。在這些年輕人的內心深處，眞的認爲毛主席是閃耀著璀璨光芒的最高神祇，爲了保護他而死是一種光榮。

七月二十九日，由周恩來主辦的「北京市革命師生文化大革命積極分子大會」在人民大會堂召開，宣告裁撤工作組，而劉少奇和鄧小平也不得已必須自我批判。

會議接近終了時，毛主席極具效果地親臨會場。和與會者打過招呼之後，會議就在如雷的掌聲和「毛主席萬歲！」的歡呼聲中宣告結束。這是繼前哨戰之後，毛澤東對劉少奇司令部的一次完全勝利。

我的大字報，炮打司令部

八月一日至十二日，中共召開第八屆十一中全會。出席者有中央委員、候補中央委員、各地的黨和行政機關的幹部、中央文革小組成員，以及包含造反的明星聶元梓在內的首都各大學「革命師生」等。

「工作組來到教育機構，很明顯是鎮壓、是恐怖主義。這種恐怖來自中央。」會議一開始，毛澤東的發言就讓與會者大吃一驚，就像自唇齒之間一字一字把話吐出來似地，他徐徐地說：「牛鬼蛇神，在座的就有。」

八月五日，毛澤東的「炮打司令部——我的一張大字報」被張貼出來，使與會者的震驚程度更是達到頂點。這張大字報的主要內容如下：

「……在這五十多天裡（指派出工作組的期間），從中央到地方的某些領導同志，卻反其道而行之，站在反動的資產階級立場，實行資產階級專政，將無產階級轟轟烈烈的文化大革命運動打下去，顛倒是非，混淆黑白，圍剿革命派，壓制不同意見，實行白色恐怖，自以爲得意，長資產階級的威風，滅無產階級的志氣，又何其毒也！」

這是一篇文白夾雜、慷慨激昂的檄文。順帶一提，後來文革中的「革命派」模仿這個文體，成爲用來攻擊對手的一項利器。

雖然毛澤東沒有在大字報中指明是誰，但這是他首次點出「資產階級司令部」的存在。所謂「從中央到地方的某些領導同志」，不用說當然是「工作組」，因此派出工作組的「司令官」，當然就是劉少奇了。換句話說，毛澤東利用黨代表大會，把他對劉少奇的敵意向全國公開。

值得注意的是，此時林彪又突然登場了。這次是周恩來請示過毛澤東的意思，在八月六日把在大連避暑療養的林彪請過來的。

林彪看透了毛澤東

話說這麼重要的大會，爲什麼林彪必須受邀才來參加呢？

林彪的確是個權力欲望很強的人，但是自從中共建國以來，他窺見毛澤東日益深沉的猜忌心，就連他權力欲望這麼強的人，也開始感到厭倦。尤其是「第七次路線鬥爭」時垮台自殺的高崗，是長期和他在東北一起革命的夥伴。林彪比誰都清楚，高崗是毛澤東鬥爭之下的犧牲品。

此後，他爲了避免重蹈高崗和彭德懷的覆轍，就一直躲著毛澤東，不管有沒有病，總是一直在療養身體。「最重要的是，絕對不能跟毛澤東唱反調。」他總是這麼告訴自己。這是林彪的妻子葉群透露的。

他對毛澤東，任何事都貫徹「三不主義」：不負責、不建言、不得罪。此外，他還把「三要主義」當作座右銘：要響應、要表揚、要報好消息。他一接到周恩來的通知就立刻從大連趕到北京，也是遵守「要響應」的信條所採取的行動。

此外，林彪從很久以前就感覺到毛澤東對劉少奇的敵意。他在一九六六年五月二十六日的日記，曾經寫道：「打倒彭、羅、陸、楊只是第一步。接下來就要剷除劉、周、鄧。這都是毛澤東的陰謀！」

在這個時間點，林彪似乎認為周恩來即將被打倒；但沒多久，他觀察毛澤東、周恩來兩人的關係以及言行舉止，發現周恩來跟自己一樣，是毛澤東仰賴的強力援軍。親臨大會的林彪一邊觀察氣氛，一邊說著：「文化大革命的最高司令官是我們的毛主席。毛主席挽回了局面。如果不是如此，文化大革命就夭折了，我們就被資產階級給打敗了吧。」

和前一年的廬山會議，他指著彭德懷的鼻子大罵「你是野心家、陰謀家！」的言論相比，林彪在此次的發言聽起來平穩許多；但這是顧慮到劉少奇還沒被指名攻擊所發表的言論。

以他的足智多謀，絕對不會跟高崗一樣受到忠心的驅使，熱心過頭而打亂毛澤東的戰略行動。即便如此，身爲解放軍的最高負責人，他的話還是透露出一項訊息——不管發生什麼事，解放軍一定會站在毛主席這邊。

劉少奇失勢，林彪爬上來

林彪在大會現身的第二天，大會便通過了《中國共產黨中央委員會關於無產階級文化大革命的決定》（又稱爲《十六條》）。「文化大革命」一詞作爲黨的重大決定，正式向大衆推出，而鬥爭的目的與方向也明確規定爲：「鬥垮走資本主義道路的當權派，批判資產階級的反動學術權威。」

接著，會議選出毛澤東等十一名中央政治局常務委員會委員。其中，劉少奇從第二位跌落至第八位，而林彪則從第六位晉升至第二位，而且還是唯一的副主席。這個結果讓所有的與會者都感到震驚。

那一天，劉少奇在衆目睽睽之下失勢了；林彪卻開始攀向人生的最高峰。然而，不知道到底幸或不幸，兩人的結局卻相似得令人吃驚。劉少奇雖然是國家主席，三年後卻死得很慘；林彪是唯一的副主席，最後卻以「毛主席最親密的戰友」身分，被推入比劉少奇更痛苦的煉獄當中。

正所謂「伴君如伴虎」，侍奉暴君就像待在老虎身邊，哪天突然被咬死也不足爲奇。在獨裁政權裡產生的無數悲劇中，劉少奇和林彪都以主角的身分，用鮮血和生命登台演出。

儘管程度有所差異，但這兩個人一生追隨毛主席，應該也迫害過很多人吧。一定要說的話，一般傳言林彪比劉少奇壞多了；但就宏觀的歷史觀點來看，兩人其實是「五十步笑百步」。

雖然身處高位，受到人民愛戴，他們卻未爲所當爲，反而淪爲獨裁者欺瞞人民、剷除異己的工具。林彪就不用說了，劉少奇也不是單純的被害者。

席捲全國的「破四舊」運動

紅衛兵運動受到《炮打司令部》和《十六條》的煽動，風暴逐漸擴大。八月十六日，紅衛兵展開全國「大串連」。大串連是指互相串連、交流、宣傳造反的活動，不過這項運動除了不帶錢旅行，實際上只是對社會秩序、名勝古蹟、文化文物肆無忌憚地大破壞而已。這項運動還沾染上過去義和團的瘋狂，最終連一般人的生活也受到波及。

在此，我只舉一個例子。

當時我剛滿十歲，曾在上海的街頭目睹大串連的情況。在八月的烈陽下，市中心繁華的淮海路突然湧入一群紅衛兵。卡其色的軍服別著紅色的臂章，很多人都在腰間繫上軍用皮帶，皮帶上裝飾著許多看起來很沉重的金屬配件。後來我才知道，紅衛兵雖然也會用拳頭揍人，但大多數情況下，他們為了不弄髒自己的手，都是用軍用皮帶打人。

他們高喊「革命無罪、造反有理」，到處張貼「破四舊」的標語。「四舊」是指舊思想、舊文化、舊風俗、舊習慣。換句話說，一切傳統文化都是他們破壞的對象。

不論男女老幼，只要有人穿得時髦一點，他們就當街攔下，當場用剪刀剪壞他們的頭髮、洋裝，甚至是年輕女性的裙子。我住的那棟公寓有一位年輕的女老師，就曾經邊哭邊光著腳丫逃回來，因為紅衛兵說高跟鞋是流行商品，強行把她的高跟鞋脫下來砸壞了。

於是在上海，淮海路這條美麗的街道，就被塗改為「反修路」（反修正主義），上海最繁華的街道南京路則被塗改為「反帝路」（反帝國主義）。更愚蠢的是，紅衛兵還把造反的箭頭對準紅綠燈。

「紅燈停下來是侮辱革命，從現在開始要紅燈通行！」這群未脫稚氣的學生，站在控制紅綠燈的警察身邊，下了這道毫無道理的命令：「給我綠燈停，紅燈行！」多虧了他們，交通陷入大混亂，更發生多起事故。

而在北京，毛澤東從八月十八日起到年底，總共在天安門接見紅衛兵八次。據說參加的紅衛兵人數高達一千三百萬人。毛主席眞的這麼喜歡年輕學生嗎？

事實上，這種接見紅衛兵的「恩典」，隱藏著一個很大的陰謀。

「如今就算要一般社會人士去造反，他們也絕對不會有所行動。因爲他們已經經歷過『反右派鬥爭』，一定會懷疑這會不會又是『引蛇出洞』而有所警戒。」毛澤東心裡是這麼盤算的。這些學生不了解毛澤東政治鬥爭的恐怖，他們都是在崇拜毛澤東的教育下長大的年輕人。毛澤東只是利用這股力量，摧毀針對文革而來的抵抗行動。

這一步棋下得非常成功。在北京發動的「破四舊運動」轉眼間就席捲全國，凡是傳統的就是「封建主義」、外來的就是「資本主義」、先前被視爲革命的則是「修正主義」，合起來就是「封資修」，統統都要「砸爛」。甚至，毛澤東支持「大串連」，其實也別有用意。他是爲了要當時最暴力的北京紅衛兵運動，擴展到全國各地。

形同強盜的紅衛兵抄家

進入八月下旬之後，「抄家」也迅速擴展到全國各地。上海在短短半個月內，就有八萬四千二百二十二戶被紅衛兵闖入，除了被洗劫大量的金銀財寶，還要遭受人格上的侮辱。

從一九六六年到一九六八年初夏，我家也三度遭受抄家之禍。自從父親在一九五七年被關進監獄，沒多久母親就被強迫留在農村進行勞改，也因此，我從小就由祖母帶大，兩人過著孤寂、但安穩的生活。

祖母是編織、刺繡的專家。她年輕時曾在上海開設的日本民俗手工藝學校就讀，只花了半年就學會日本纖細的編織技法。她將中國傳統的審美觀融入這項技法，衍生出獨有的用色風格，所做的服飾與壁飾廣受歡迎，並且不斷推出新作品。她還以上海知名女演員爲模特兒，寫作與時尚相關的書籍，在全國各地熱賣。到了五〇年代初期，她還被人民政府招聘爲上海工藝美術研究所的手工藝講師，被譽爲國寶級人物。

然而，進入文化大革命以後，先前獲得的名譽與榮耀，以及自己用雙手累積的財富，全都變成「反人民、反社會主義」的罪名了。

第一、二次抄家，造反派是用黃包車把金銀、藝術品、陶瓷器、書畫等東西運走；第三次抄家時，他們直接駕著一台十噸重的卡車來，把祖母一向小心使用的紫檀家具一件件堆在卡車上，連家具的抽屜都不讓打開，直接連同裡面的東西一起運走。他們甚至懷疑我們是不是還偷藏東西，把牆壁挖得到處都是洞，並且把寫著「反動學術權威——打倒黃培英（即作者祖母之名）」的紙條從公寓四樓貼到一樓。最後，我那年過五十、罹患高血壓的祖母也被押上卡車帶走了。家裡只剩下一地的紙屑和十二歲的我。

在「造反有理」的口號下，這類光天化日之下的搶奪行爲，至少持續了兩年。是舉世罕見，最該感到羞恥的「革命行爲」。

另一方面，祖母被押走之前，已經接受過幾次短期的「隔離審查」。但第三次抄家被押走後，被監禁了整整一年。家裡只剩我一個人，只能用僅有的錢去買發霉的米，配菜則是一塊會讓人誤以爲是鹽塊、醃了很久的魚頭。我就靠著這幾樣食物，一天一天忍耐著飢餓。

就在正月即將到來的某一天，祖母終於獲釋回家。當我看到祖母，眼淚立刻掉了下來。祖母的頭髮被剃成「陰陽頭」（剃掉一半頭髮，只留一半，以作爲非人的記號），臉龐更因爲每天都被毆打，早就傷痕累累。那天夜裡，我第一次聽到祖母哭出聲來。

明明篇幅有限，我卻一直在講個人經歷，實在很抱歉。但這個經歷，絕對不只發生在我一人身上。一個十二歲的少年，眼見自己最親的人遭遇這種磨難，內心受到的創傷，會有多麼的痛。

不過，那些被奪走的財產，在文革之後，大約在一九七九年，陸續歸還給我們了。對於政府所盡的最大努力，我可以認同；但是據祖母說，還給我們的，還不到被搶走的十分之一。事實上，文革初期的「抄家物資」大多都在混亂中被搶走，輾轉落入某些陌生人手裡。

老舍

殺戮黑五類

繼「抄家」之後便是殺戮。我們來看一下北京市大興縣的例子。

一九六六年八月下旬，毛澤東嚴格命令公安當局「不可以鎮壓學生運動」。

據說立場極左的公安部部長謝富治一接到命令，就對屬下表示：「群眾打死人，我不贊成，但群眾對壞人恨之入骨，我們勸阻不住，就不要勉強。民兵要站在紅衛兵一邊，跟他們取得聯繫，和他們建立感情，供給他們情況，把五類分子的情況介紹給他們。」

大興縣員警收到這道命令，立刻展開行動。他們除了提供黑五類的情報給紅衛兵，還捏造這些黑五類日常的「違法行為」，煽動紅衛兵的仇恨情緒。因為受到員警支持而氣燄高張的紅衛兵立刻召開鬥爭大會，在不到一週的時間就殺掉三百二十五名「黑五類分子」及其家屬。其中最年長者八十歲，最年幼的才剛出生三十八天。

和黑五類同樣遭到悽慘下場的，總是知識分子。八月二十三日下午，知名作家老舍和三十多位文學作家、藝術家一起被拖到鬥爭大會上。而在路旁，火堆正大肆焚燒著被視爲「封資修」象徵的京劇服裝和道具。

老舍等人圍著火堆跪在地上，脖子上掛著「牛鬼蛇神」的牌子，臉上被塗上墨汁。他們在烈日之下、燃燒的火堆旁，一直被又踹又打直到第二天早上。人群雖然一度解散，但他們接到命令，隔天早上八點要再度聚集。老舍遍體鱗傷，已經一點力氣也沒有了，他步履蹣跚地走向北京西北角的太平湖，在湖畔茫然地度過此生的最後一天。

「我在建國之初，順應周恩來總理之邀自美歸國，因爲愛國我才會回來。沒想到如今……。」如今已經沒有人會傾聽他內心的吶喊了。

第二天早上，有人在太平湖畔發現老舍的屍體，悲慘地泡在湖水裡面。

處死劉少奇

對劉少奇來說，一九六六年十二月十三日，是決定命運的一天。他好幾次懇切要求單獨跟毛澤東會面，這天終於實現了。

「我要他聽我說。只要他聽我說，就應該可以了解……。」他打算將心中鬱積的一切想法全說出來，抱著這樣的心情前往人民大會堂。毛澤東還先跟他打招呼，一一詢問家裡的人是否都安好。

「不愧是毛主席，他一定會聽我說吧？」他一邊這麼想，一邊以盡可能平和的口氣開口說話了。

「主席，這次我犯了大錯誤，是路線錯誤，責任在我，廣大幹部是好的，特別是許多老幹部是黨的寶貴財富，主要責任由我來承擔，儘快把廣大幹部解放出來，使黨少受損失。我要辭去國家主席、中央常委和《毛澤東選集》編委會主任職務，和妻子兒女去延安或老家種地，以便儘早結束文化大革命，使國家少受損失。」

雖然口吻平靜，但只要仔細聽，就知道他的聲音很緊張。說完之後，劉少奇沒有獲得毛澤東的正面答案，但毛澤東跟他和和氣氣地握過手便回去了。劉少奇壓根沒想到這一段心裡話，讓毛澤東更加決意一定要除掉他。

毛澤東對於劉少奇的說法抱著懷疑的態度。他心想：辭職回去種地？聽起來好像是在責備我。「儘早結束文化大革命，使國家少受損失」，不就是想說文化大革命造成國家損失嗎？還有，「廣大幹部」到底是指誰呢……。

特別是「廣大幹部」這句話，大大激起毛澤東的猜忌心。在他耳中，這句話聽起來比較像在示威。因爲對毛澤東來說，「廣大幹部」就是劉少奇身邊無可饒恕的「資產階級司令部」。他咬牙切齒地想：既然如此，你們這些人的下場只有一個！

到目前爲止，劉少奇雖然已經陷入很艱難的立場，但還沒遭到指名攻擊。不過這場會面，扭轉了整個局面。

十二月十八日，清華大學的造反頭子蒯大富收到中央文革張春橋的密令，一週以後，在蒯大富的指揮下，天安門舉行了約有五千人參與的示威遊行，長安街上則到處都是「打倒劉少奇」的標語和大字報。此後劉少奇已經完全失去自我防衛的能力。從一九六七年起就被軟禁在中南海的住宅，每天過著囚犯般的生活。

八月五日，毛澤東以「炮打資產階級司令部」一周年紀念日爲名，讓劉少奇及其妻子王光美和鄧小平等人在鬥爭大會上被衆人大肆批判。

一九六八年十一月二十四日，身陷牢籠又染上重病的前國家主席劉少奇，即將迎接他七十歲的生日。他的妻子在去年七月就以美國間諜的罪名遭到監禁，孩子們也很早之前就被趕出中南海。

他孤獨地躺在病床上，用收音機聽著十月下旬召開的第八屆十二中全會的決議。他一生都奉獻給毛澤東的革命，一直追隨毛澤東，最後竟然被判定爲：叛徒、內奸、工賊（背叛勞工、不參加罷工的人）。此外，大會甚至決議將劉少奇永遠開除黨籍。聽到這裡，他全身止不住地顫抖，冷汗直流並且不斷地嘔吐，血壓和體溫也急遽上升。從那天起，劉少奇便閉上嘴巴，一句話也不說了。

歲月無情地流逝。一九六九年十月十八日，林彪接受毛澤東的指令，突然宣布爲了戰備的需要，必須把病情非常嚴重的劉少奇用飛機載到河南開封。當時劉少奇身上沒有任何衣物，只蓋著一張白色被單，簡直就跟處理屍體沒什麼兩樣。抵達開封後，他就在刺鐵絲網和面無表情的軍隊環繞下，度過人生最後的二十七天。

儘管身染肺炎而發高燒，卻沒有給他任何藥物治療。負責監視他的特派員，還嘲笑慌張的護士：「發高燒對這傢伙來說，不是家常便飯的小事嗎？」十一月十二日早上六點四十五分，劉少奇在超過四十度的高燒中，終於停止呼吸，享年七十歲。

第二天，他的前侍衛長接到中央的命令趕到開封，他的報告中說：「劉少奇的頭髮長長了三十公分，散亂糾結，五官都變形了，其中也有瘀血。」前侍衛長清洗他的遺體，替他換上普通的衣服，然後依照中央特派員的命令，將遺體運往火葬場，在完全沒有親人在身邊的情況下火化了遺體。

骨灰的保管證上是這麼寫著的：

遺體號碼：一二三
死者姓名：劉衛黃
死　　因：急性傳染病（病死）
職　　業：無業

性　別：男

他和數年之後的彭德懷一樣，就算人死了，骨灰都還不能標上自己的本名。

劉少奇的妻子雖在一九六七年被捕入獄，但十二年後，也就是一九七九年，終於獲得釋放。之後在一九八〇年，她和亡夫一起恢復名譽。劉少奇和王光美膝下的四名子女如今還在世。順帶一提，這場以劉少奇爲目標的戰役，毛澤東稱爲「黨內第九次路線鬥爭」。

如果沒有毛澤東，務實派的劉少奇一定可以成爲新中國的優秀領導人。以他在經濟領域的實力，在五〇年代就可以實行類似鄧小平在八〇年代進行的改革開放。遺憾的是，他終身都在替毛澤東服務，即便對個人崇拜的行爲有所警惕，自身卻深受其毒，沒有勇氣導正毛澤東的暴政。

身爲一國的領導，他雖然數度對毛澤東說出眞心話，但是遇到緊要關頭，他在意會不會惹毛澤東生氣，更勝於憂慮人民的苦難。我只能說，中國文人自古以來一直注重的反骨精神，已經在獨裁政權以及接二連三的鬥爭中消磨殆盡了。到最後，劉少奇自己也被幾乎等於慢性謀殺的手段給逼死。我們應該感到悲痛嗎？還是應該把它當作歷史教訓，深深地刻在心裡呢？

紅衛兵運動的尾聲：知青下鄉

劉少奇被判定爲「叛徒、內奸、工賊」後，年輕學子們的精力不減，但是對毛澤東來說，已經沒有用處了。

一九六八年十二月二十二日，他在《人民日報》上發表最新指示：「知識青年到農村去，接受貧下中農的再教育，很有必要。要說服城裡幹部和其他人，把自己初中、高中、大學畢業的子女，送到鄉下去，來一個動員。各地農村的同志應當歡迎他們去。」

都市的居民和年輕人，全都驚訝得瞠目結舌。但是，就在他們還沒喘過氣來的時候，《人民日報》又刊載了一篇類似教訓的文章：「願不願意上山下鄉，走不走與工農相結合的道路，是忠不忠於毛主席革命路線的大問題。」

顯然，這又是御用文人揣摩毛主席的意思寫出來的文章，但不得不說這是一個絕妙的做法。過去劉少奇派遣工作組和妻子，用盡各種手段都壓制不了年輕人的造反力量，現在毛澤東的一句話，就輕輕巧巧地解決掉這個問題。

但是，都市裡的父母，心中的驚訝與悲痛卻不是言語能表達的。即便如此，還是不得不把學業還沒完成、身體還沒長成的子女送出去，因爲令人作嘔的標籤，正虎視眈眈地等著貼上去——反對上山下鄉就是反對毛主席的革命路線。

對於「上山下鄉」，年輕學生之間也出現迥異的反應。有人是真的很高興可以前往祖國的邊境和深山裡進行建設；但更多的年輕人對於要離開住慣的都市還是感到悶悶不樂。然而，不管是以哪一種心情出發，等待著他們的，只有空虛、貧困和失落感。過去一直藉著「破四舊」不斷搗亂的紅衛兵，也體認到一件事了——對毛主席來說，自己不過是用過就丟的棋子罷了。

「上山下鄉」運動展開以後，自一九六六年開始、歷時兩年半的紅衛兵運動，終於畫下句點。而點燃火焰和熄滅火焰的，都是紅衛兵宣示要守護的毛主席。

根據統計，被迫前往農村的年輕人多達一千六百萬人，占了都市人口將近一成。八〇年代初期，這群被稱爲「知識青年」的人都長大成人了。透過對政府的請願和抗爭，大多數人都回到都市。其中有一些人在各個領域奮鬥成功，但因爲學齡時期都在文革中度過，因此沒有接受正式教育而被淘汰於社會發展之外的人，占了壓倒性的多數。到了九〇年代，被裁員的浪潮吞噬、最先被解雇的，也經常是這群人。一直到今天，他們依舊因爲文化大革命的厄運而不斷受苦。

最親密接班人的唸佛運動

話說林彪雖然足智多謀，但是從五〇年代起，就因爲抗日戰爭時受傷引發的後遺症，變得很怕光、怕風和怕水，嚴重的時候甚至只要聽到水聲就會引起腹瀉。宅邸中還設置了專用廁所，裡面只放著舊時的木製便器。最後，因爲太怕水了，別說泡澡和淋浴，林彪連臉都不洗，只用熱毛巾擦拭就算了事。

林彪身體狀況這麼差，其實只要以生病爲理由，把餘生都用來養病就好，卻在文革初期，搭上毛澤東這輛失控的火車，敗給難以抵擋的誘惑——權力，最後成爲毛澤東手下的劊子手，拉羅瑞卿下台、逼死元帥兼中央軍事委員會副主席賀龍、讓無數人嚐到地獄般的痛苦滋味。同時爲了明哲保身，他貫徹他「要讚美」的座右銘，一直把自己的才智浪費在拍毛澤東的馬屁上。

林彪一邊揮著紅色的《毛語錄》，一邊高喊自己發明的讚美詞：

「毛主席是偉大的導師、偉大的領袖、偉大的統帥、偉大的舵手。」

「毛主席的話句句是眞理，一句頂一萬句。」

「把解放軍辦成紅彤彤的毛澤東思想大學校。」

「毛澤東同志是當代最偉大的馬克思列寧主義者。」

「讀毛主席的書、聽毛主席的話、照毛主席的指示做事、做毛主席的好戰士。」

「毛澤東同志天才地、創造性地、全面地繼承、捍衛和發展了馬克思列寧主義，把馬克思列寧主義提高到一個嶄新的階段。」

「誰敢反對毛主席，就全國共討之、全黨共誅之。」

各位讀到這些話，可能會覺得好笑，但是當事人林彪和毛澤東，卻都是很認真的。林彪提出這種文革式的「唸佛」運動，馬上擴展到全國：每人每天都必須朗誦三遍，每天都強迫全國所有的團體、職場或農地舉辦「早請示、晚彙報」（早上向毛主席請示，晚上向毛主席報告）的儀式，還要模仿林彪同志，向毛主席的肖像揮舞紅色的《毛語錄》。

紅衛兵還會毫無預告地擺出「忠」字樣跳舞，而在少數獲得允許的運動競技中，體育選手們在出場前都一定要朗讀《毛語錄》來代替熱身操，因爲毛澤東思想是「攻無不克、戰無不勝」的終極武器。

透過這種形式所表達的「忠誠」，挑動著毛澤東的虛榮心，沒有任何一種全身按摩可以讓他如此渾身舒暢。因此，發明並提倡這種做法的林彪，也被尊稱爲「毛澤東同志親密的戰友和接班人」。

每天人民對毛澤東大喊「萬歲」後，林彪便接著接受來自人民「永遠健康」的祝福。曾幾何時，人民也被林副主席控制，被塑造成馬屁精了。

狡兔死，走狗烹

一九六九年四月，中共召開第九次全國代表大會（以下簡稱為「九大」）。在新修訂的《中國共產黨章程》中，甚至列入林彪是「毛澤東同志的親密戰友和接班人」這句話。以「九大」為分水嶺，林彪的人生看來已經達到巔峰，一切都一帆風順。

九大召開的不久前才公布的《公安六條》甚至規定：「攻擊汙衊偉大領袖毛主席和他的親密戰友林副主席的，都是現行反革命行為。」總之，林彪此刻，已經站在和毛澤東幾乎相同的高度上了。只不過，因為共同的敵人消失，兩位「親密戰友」也開始產生嫌隙。

起因必須要從「九大」的政治報告開始說起。這份報告起初是由陳伯達起草，預計由身為中共中央代表的林彪在大會上朗讀。這時，一向以共產黨的理論家自詡的陳伯達被江青喊作「傻蛋」，甚至被張春橋施以白眼，在在都讓他感覺自己矮人一截。

於是，受到林副主席重視的陳伯達如獲至寶，為了報答林彪的知遇之恩，便使出渾身解術寫出一份名為《為把我國建設成為強大的社會主義國家而奮鬥》的報告。

這份報告在林彪的同意下交給毛澤東，但是當中「建設」和「生產力發展」等字眼卻意外地招致毛澤東的不滿。原因在於「建設」和「生產力」的最終結果，也許會和否定文化大革命產生連結。這是毛澤東最恐懼、也最忌諱的事。

毛澤東否決了陳伯達的報告，改由張春橋、姚文元主導寫出另一份報告。這次的報告標題則是討毛澤東歡心的《在無產階級專政條件下繼續革命》，正好和毛澤東「不斷重複無產階級文化大革命，階級鬥爭永遠存在」的意圖不謀而合。毛澤東之所以毫不猶豫就採用張春橋的報告，原因便在於此。

然而，否決了陳伯達的報告，就等於否決了支持陳伯達報告的林彪，林彪當然會感到不快。

江青、林彪、姚文元等人雖然是一起搭上毛澤東這部失控火車的同志，但如今已經因爲共同的敵人劉少奇徹底垮臺而分崩離析，而開始出現摩擦。當時，加入江青勢力的有張春橋、姚文元、王洪文，以及一些靠造反起家的蝦兵蟹將。順帶一提，王洪文是上海造反派的頭子，爲了參加「九大」前往北京，最後被大會選爲中央委員。

相對於江青的勢力，林彪集團的成員則是以「四大天王」爲中心，都是具有軍事實力的人。「四大天王」是指解放軍總參謀長黃永勝、解放軍副總參謀長李作鵬，以及同樣身爲解放軍副總參謀長、兼空軍司令員的吳法憲，和解放軍總後勤部部長邱會作等人。

不難想像擁有這等背景的人，對江青等人其實打從心底瞧不起。張春橋感受到這股毫不遮掩的輕蔑，他對自己說：「總有一天我會讓你們知道，筆比劍更有力量。」從此開始尋求反擊的機會。

兩派在用盡手段彼此競爭的過程中，林彪為了讓自己的陣營在理論上更為有力，便起用陳伯達，沒想到首戰就輸給張春橋等人。儘管如此，林彪還是得依照毛澤東的命令，在大會上朗讀政治報告。所以聽說當他回到家時，臉色是鐵青的。

「我很擔心呢。你啊，好幾個地方都解讀錯了。」聽到妻子葉群這麼一說，林彪氣得直跺腳，大吼說：「我再搞錯一些就好了！」

過去一心一意拍毛澤東馬屁的林彪，首度對毛澤東的暴橫感到強烈的憤怒，同時心頭也感到一陣巨大且鬱悶的陰影掠過。

「鳥盡弓藏，兔死狗烹。」身為解放軍有名的智將，不可能不知道這個諺語。這個諺語是說，如果鳥都獵光了，良弓就會被收藏起來；如果兔子都殺光了，獵犬就會被煮來吃掉。用來諷刺歷代君王奪取天下以後，誅殺功臣的暴行。

「我現在搞不好快要變成弓跟狗了。」林彪決定以後要加強戒備，更仔細觀察毛澤東的一舉一動。他心想：如果要把我像弓或狗那樣解決掉，毛澤東一定要利用江青等人的力量，這是毛澤東的拿手絕活。在他使出「拉一派，打一派」的手段之前，必須壓制江青等人的力量。

林彪把自己的想法告訴妻子葉群和「四大天王」，命他們準備打一場不用槍的戰爭。

我不當國家主席，誰敢？

話說自從毛澤東徹底擊潰了「宿敵」以來，他很清楚江青和林彪彼此對立、各自分化成兩個陣營，一直互鬥的事實。照理來說，以毛澤東在黨內的威信，只要他有這個意願，應該可以充分化解這種對立，將國家導向安定的局面。

但毛澤東絕對不會出手處理這種事，他只會透過鬥爭來評斷一個人的價值。他縝密地分析這兩個集團，斷定將來會威脅自己的，一定是林彪，便決定打垮林彪陣營，因此必須製造對手的致命弱點，而陳伯達，便成了他們的第一目標。

毛澤東在一九七〇年八月二十三日召開中國共產黨第九屆二中全會，會場則是選在淵源頗深的廬山。會中對於是否該設置國家主席的問題進行激烈的辯論；不過以林彪、周恩來為首的多數黨內大老，都認為要依照憲法設置，並推舉毛澤東為最合適的人選。

順帶一提，「國家主席」這個職位，是毛澤東一九五四年制定的《中華人民共和國憲法》中所規定的。當時毛澤東身兼中共中央主席、中共中央軍事委員會主席、國家主席、政治協商會議名譽主席等職位於一身，一手掌握所有大權。

其後爲了打倒彭德懷，把國家主席讓給劉少奇，但在「七千人大會」又被劉少奇奪走實權。這股怨恨至今還深植在毛澤東腦海裡。換言之，「國家主席」一詞，只會讓毛澤東想起挫折、失敗和怨恨。同時，毛澤東心中還存在著一種恐懼。

「如果我這麼做，大家會認爲我不是爲了社會主義革命，而是爲了搶回國家主席的職位才鬥垮劉少奇的。我一定要拒絕，不可以順應大家的要求。」毛澤東一點也不遮掩這份心情，斷然拒絕了林彪、周恩來等人發起的推舉。他對推舉者激動地喊著：「如果想讓我早點去死的話，就繼續說吧！」因此，他無視於自己制定的憲法，否決了國家主席一職存在的必要。

毛澤東大聲怒吼：「我沒打算擔任主席。林彪啊，我勸你也別當啦。讓那些死都要當主席的傢伙去當好了！」很明白地表示不打算把國家主席之位交給林彪。

誰刪了林彪的「天才」？

在討論是否要設置國家主席的同時，廬山會議又發生了另一件難以理解的事。同樣出自張春橋之手的《憲法修正案》，不但取消了國家主席一職，甚至把「毛澤東同志天才地、創造性地、全面地繼承、捍衛和發展了馬克思列寧主義，把馬克思列寧主義提高到一個嶄新的階段」的條文也刪除了。

大家都知道發明這條讚美詞的人就是林彪，突然間刪除這條條文，林彪當然會很生氣。正好林副主席一直在準備打這場不用槍的戰爭，於是率先發表這段似有深意的發言：「某個人說什麼毛主席不讓馬克思列寧主義繼續發展……。」

這句話讓與會者大感震驚。每個人都知道，說出這番話，在文革時等於犯下反革命的罪行。但因爲林彪沒有指名道姓，所以與會者都異口同聲、義憤塡膺地大喊：「是誰？把那傢伙揪出來！」其實心裡是害怕，如果這時不大聲附和，就會被大家懷疑是「某個人」。

正午休息時，林彪的一個心腹偷偷去問「四大天王」中的吳法憲，不過吳法憲只是一言不發地在手掌寫了一個「張」字。那名心腹本來就很討厭張春橋，他按耐不住，在下午的會議上瞪著張春橋，氣沖沖地吼著：「你自己出來！」會場上所有的人馬上像被炸彈炸到般一面倒開。張春橋平常就很愛挑別人的毛病，所以樹敵不少，此時馬上被四面八方的人團團包圍，而衆多的攻擊者中，陳伯達的氣勢最強。

不過他們似乎高興得太早。林彪和陳伯達等人，只要稍微冷靜思考一下就應該了解，沒有毛澤東的指示，張春橋才沒那個膽量刪除憲法中這句「天才論」。他們以爲進攻是最好的防守，一點也沒察覺到自己已經中了毛澤東的「引蛇出洞」戰術。

另一方面，毛澤東一邊擴展自己的勢力，一邊擬定計畫，打算要滅一滅林彪集團的氣燄。他認爲跟林彪正面交鋒的時機還沒到。如今之計，是要把林彪推舉的理論家陳伯達拉下來。於是他採取了出乎對手意料的行動——如果讓張春橋批判林彪發明的「天才論」，林彪一定會勃然大怒，但林彪不會輕易展露自己的喜怒哀樂，所以就算生氣也不會自己採取行動，他會讓同陣營的陳伯達或「四大天王」去進行「代理戰爭」。如此一來正中毛澤東的下懷——趁陳伯達還沒竄起來，先收拾掉他，再來思考下一步。

打定主意的毛澤東，眼見攻擊張春橋的行動已經到達了頂點，便親臨會場。毛澤東首先將陳伯達堅持的「天才論」，抨擊爲「唯心式的先驗論」，甚至給他貼上「僞馬克思列寧主義者」的標籤。眼見陳伯達一臉八竿子摸不著頭緒又不服氣的樣子，毛澤東再發出致命的一擊。

「我跟陳伯達這位天才理論家之間，共事三十多年，在一些重大問題上，就從來沒有配合過，更不去說很好的配合……這一次，他可配合得好了，採取突然襲擊，煽風點火，唯恐天下不亂，大有炸平廬山，停止地球轉動之勢。」

與會者全被搞得一頭霧水。陳伯達自延安時代以來，一直擔任主席的政治祕書，在文革時期甚至被拔擢爲中央文革的組長。這一句「從來沒有配合過」到底是什麼意思？這句話和當年對彭德懷說的「三分合作，七分不合作」很相似。難道主席打算把陳伯達拉下來嗎？儘管不太確定，不過與會者似乎察覺毛澤東心中的想法了

盧山會議結束後，國家主席的職位遭到撤除，陳伯達被指控爲「唯心論者、野心家」而遭到解職，沒多久就被關入監獄了。

林彪下盧山的那天是九月七日，和一九五九年和毛澤東一起打倒彭德懷時不同，如今雖身居最高地位，心情卻沉重不已。毛澤東這麼執著於個人崇拜，會突然顛覆「天才論」，其中一定隱含重大的訊息。這個訊息就是毛澤東打算徹底否定「天才論」的發明人——林彪本人。

從他下山的這一刻起，林彪的人生馬上就開始走下坡。其後雖然數度希望跟毛澤東會面，想要解釋、修補跟毛澤東之間的關係，但毛澤東根本不給他這個機會。他回到療養地蘇州，在妻子面前一邊嚎啕大哭，一邊喊著：「清君側、除三蛇。」

「三蛇」是指江青、張春橋、姚文元。然而，事到如今，林彪再怎麼掙扎，還是逃不出毛澤東這尊如來佛的手掌心，他的命運已經掌握在毛澤東的手中了。

甩石頭、摻沙子、挖牆角

一九七一年八月十四日，毛澤東離開北京前往南方。以視察爲藉口，開始向武漢、長沙、杭州、上海等地的幹部批判林彪。主要內容如下：

「這次的廬山會議，是兩個司令部之間的戰爭。」

「廬山會議中的鬥爭，是黨內第十次路線鬥爭。」

「路線問題是原則問題，所以我絕不會讓步。」

「有人急著想當國家主席。他想要讓黨分裂，想要奪權。」

林彪推舉毛澤東成爲國家主席，卻反而被說成自己想要奪取國家主席的位置。這就是毛澤東「鬥爭哲學」中「轉嫁罪責」的特技。

各地的幹部透過這些話，也都接收到一項強烈的訊息：毛主席和林副主席之間，正在展開一場攸關生死、甚至是兩個司令部之間的戰爭。如果用毛澤東獨特的表達方式來說，這次對林彪作戰的戰術，叫做「甩石頭、摻沙子、挖牆角」。

「甩石頭」是批判、打擊林彪的心腹；「摻沙子」是在軍事委員會中擴大親毛勢力；而「挖牆腳」則是改組北京軍區，將追隨林彪的軍中幹部都貶到地方去。在這個戰術中，周恩來發揮自己在軍中的威望，幫了毛澤東很大的忙。

當然，這種戰術的目標是瓦解林彪的勢力。但就我來看，這也是毛澤東「引蛇出洞」的陰謀。毛澤東在南巡路上所接待的幹部中，理應包含同情林彪的人或是林彪的心腹，因此一定有人將毛澤東的一舉一動，都跟林彪匯報。透過這種方式讓林彪感到焦急，迫使林彪出於絕望採取冒險行動，會不會才是毛澤東的眞正意圖呢？

結果，這項戰術完美地奏效了。意志消沉的林彪已經手足無措，他簽署了他的兒子、同時也是空軍司令部作戰部副部長林立果擬定的武裝政變計畫，同意進行暗殺毛澤東的行動。

墜毀的二五六號專機

林立果的乳名是「老虎」，因爲林彪希望把他養育成像老虎一樣勇猛。他和空軍幾個意氣相投的夥伴，一起擬定名爲《五七一工程紀要》的武裝政變計畫。林立果崇拜日本的山本五十六，還把自己的祕密團體命名爲聯合艦隊；相對的，他替毛澤東取了一個奇怪的暗號，就是美軍的轟炸機型號B五二。不過，他們的計畫十分粗糙，他那幼稚的艦隊也完全無法和B五二匹敵。按照計畫，他們要在上海和杭州，攻擊毛澤東返回北京所搭的專用列車。

不過他的企圖被徹底識破。毛澤東火速於九月十一日夜晚抵達北京。慌了手腳的林彪如今只剩下一條路，就是逃亡到蘇聯。九月十二日深夜十一點四十分，林彪、葉群、林立果等人搭乘防彈車，朝著北戴河的山海關機場急駛而去。在機場竟然遭到林彪的警衛祕書開槍襲擊，原來毛澤東的間諜，早就聚集在林副主席的周遭。

第二天，九月十三日零時二十三分，林彪一家三口和兩名心腹，再加上飛行員和機組人員四人，一行九人搭上英國製的三叉戟中／短程客航二五六號專機在深夜中起飛。一點五十五分，進入蒙古人民共和國的領空之後，在二點三十分於溫都爾汗墜機，機上八名男性與一名女性全數燒死。

關於墜機的原因眾說紛紜，分別有燃料用罄、機艙內混戰、因槍擊而墜機、遭到蘇聯導彈擊落等，最近則是出現一個說法，認爲專機是在毛澤東的命令下被設置定時炸彈。眞相至今還是一個謎。

毛澤東的鬥爭哲學

一代智將林彪在與毛澤東的鬥爭中徹底失敗，甚至連命都丟了。從「九大」到逃亡之日爲止，雖然經過了一年的光景，但林彪卻不利用自己的地位和優秀的軍事謀略跟毛澤東交手，而是和被打垮之前的劉少奇一樣，一心期望透過對話解決問題。這種做法招來了悲慘的死亡。而此時距離劉少奇過世，還不到兩年的時間。

林彪的後半生，違背自己的良知，把毛澤東推崇為至高無上的神明，成為毛澤東的走狗，將無數人推落苦難的深淵。雖然最近掀起重新評價林彪的風潮，但就算他也是獨裁政治的犧牲者，只要看到他空前絕後，恬不知恥的狗腿模樣，就只能說他的悲劇是自作自受了。

話說到目前為止，毛澤東「鬥爭哲學」的藍圖已經很清楚了，我們來複習一下：

一、對彭德懷的鬥爭，主要是借劉少奇與林彪之手。

二、對劉少奇的鬥爭，主要是借林彪和江青之手。

三、對林彪的鬥爭，主要是借江青與周恩來之手。

拉攏一派來打擊另一派，這就是毛澤東最擅長的招術。如果當成故事來看的話，可以跟《三國演義》相比擬，其權謀之深，非常精采。但如果就二十世紀的政治來思考的話，就太陰沉、太殘酷了。而儘管就快要油盡燈枯，毛澤東還是借著江青、張春橋之手，幾乎快要打倒生涯最後的敵人——周恩來。最後兩人在同一年裡相繼過世。

回頭說到林彪。林彪的死被視為機密，一個月後，也就是十月十一日，才終於向全國公布。

林彪事件的影響

那一年，我剛升上高中一年級。在文革初期，所有的學校都關閉了，比起學習知識，毛澤東更想讓年輕人闖進社會大鬧一番。學校是什麼時候開始上課的，我記得不是很清楚；不過就算再去學校，也只是讓我們背誦包著紅色塑膠皮的《毛語錄》，讓我覺得很反感。

十月下旬的某一天，學校廣播突然傳來「林彪反黨集團的反革命政變」的相關新聞，不管是老師還是學生都大吃一驚。不久之前，我們才每天早上都會被拉到操場上大喊：「偉大的領袖毛主席，萬壽無疆！毛主席親密的戰友林副主席，永遠健康！」「萬壽無疆」是古代祝賀封建帝王長壽的賀詞，接受這樣的賀詞卻不會感到不自在的毛澤東，實際上已經有當上皇帝的氛圍了。

然而，透過對這則新聞的震驚，我們卻感到喜悅。我們從毛林關係的隙縫，看到文化大革命的虛僞，甚至可以感覺到一縷光線射進幽暗之中。

林彪事件對中國帶來各種影響，例如毛澤東發起解放軍內部的肅清行動、此後人稱

「四人幫」的江青、張春橋、姚文元、王洪文等人開始把持國政、大家開始反省文化大革命，對國家前途開始抱持擔憂的態度。

在文化大革命開始後的五年間，原本不斷強調彼此親密的毛、林二人，居然搞到相互殘殺，每個人都感到困惑、震驚，而且對於文化大革命的意義開始投以懷疑的目光。

鄧小平重返政壇

林彪死後，讓人民確實感到欣喜的，是鄧小平重返政壇。他被下放到江西勞改，獲悉林彪的死訊後，寫了一封信給毛澤東，發誓「永不翻案」，懇求毛澤東讓自己回到工作崗位。從此他背負著人民的期待，全心全意埋首於整頓殘破不堪的經濟與行政工作。

和這件事同樣帶給人民希望的，就是跟日本、美國恢復邦交。我首次看到日本這個國家的樣貌，便是透過當時放映的紀錄片《乒乓外交》，東京、名古屋的夜晚充滿了美麗的和平。自從文革開始以後，政府一直強力宣傳「資本主義國家的人民正在深沉的苦難中喘息」，但我知道這是紅色的謊言。我們首次開始相信，國家有另一種存在方式，人民也可以有另一種生存方式。

只不過，現實還是很嚴峻。一九七三年，我高中畢業，很想進入美術大學就讀，但儘管考試及格了，我卻因爲「政治審查」而落榜。理由是因爲我出生於「黑五類」和「資產階級知識分子」的家庭。同時，我接到國家的指令「接受勞動者再教育」，被派去執行道路工程的工作。

儘管勞動工作非常辛苦，感覺我的青春都毀在時代的黑暗裡，但我還是沉浸在詩歌與音樂的世界裡拚命地忍耐。當時政府強迫我們「成爲社會主義國家大機器裡的螺絲釘」，但我爲了不讓自己身爲人類的個性遭到抹煞，於是挑戰上頭規定的所有「秩序」。

當他們叫我讀《毛語錄》時，雖然必須假裝，但我在心裡決定不要讀。同時，正當別人把文學作品稱爲「封資修的溫床」加以查禁，我卻狼吞虎嚥地讀著伸手可及的文學作品，一點一點地建構沒有人可以給我的心靈自由。

第一次天安門事件

林彪死後，毛澤東又開始頭痛接班問題了。「這次我一定要找一個就算是我駕鶴西歸，也不會否定文化大革命的人，如此一來，就必須找個在文革中竄起的人。」他心裡這麼想，於是把目光投到王洪文身上。

自解放軍士兵復員的王洪文，在文化大革命時，是上海的「造反派總司令」，與張春橋等人勾結，在一九六七年搞垮了上海市政府。因爲這項「業績」，讓他得以進入中央。就算說他目不識丁，也應該不算冤枉他。

毛澤東會選擇他，正是毛澤東失去判斷力的最好證據。但王洪文即使獲選爲中央委員，還是不改好鬥的毛病，他跟同樣上海出身的江青、張春橋、姚文元等人聯手，只要在幹部和知識分子中發現礙眼的人，就把他批爲「階級敵人」扳倒他，因此自然受到黨、軍及民間分子的厭惡。

而毛澤東儘管身體日漸衰弱，對這一切卻洞若觀火，多次告誡四人幫說：「你們要注意呢，不要搞成四人小宗派呢。如果繼續這樣搞小宗派，會把自己搞得無法立足。在我還活著的時候，解放軍會跟著你們；如果哪天我走了，他們就會跟著討厭你們的大老跑了。到時你們打算怎麼辦？」

靠槍桿子拿到政權，也一直靠槍桿子保護自己的毛澤東，似乎看出王洪文的未來，他放棄地想：「這個毛頭小子似乎沒有擔負國家的才能與胸襟。」

繼王洪文之後，毛澤東把希望託付在人品似乎頗爲正直的華國鋒身上。華國鋒雖然不會讓毛澤東遭遇像史達林死後

華國鋒

一樣的悲慘下場，但他也沒有能力堅守毛澤東最重視的「文化大革命的輝煌成果」。華國鋒後來被黨內大老扳倒，隨著「文革的成果」一起被拉下權力的寶座。如果要說他在歷史上留下什麼功績，大概就是下定決心逮捕四人幫。不過老實說，毛澤東死後，就算沒有華國鋒，四人幫遲早也會被大老擊潰。

一九七六年，毛澤東的時代終於結束。一月八日，周恩來於北京病逝，享年七十八歲。四月五日，民眾發起的周恩來追悼會，引發了第一次天安門事件（也稱為「四五運動」）。在天安門廣場上，累計超過二百萬名民眾把對文化大革命以及目前政權的憤怒全都爆發出來，同時也對因「右傾翻案風」遭到批判的鄧小平表達支持。在上海、天津、杭州、鄭州、太原、西安、青島、合肥、成都等地，都以追悼為名義，點燃反抗的火焰。

不過這項運動，因為纏綿病榻的毛澤東的一聲令下，被定義為「反革命事件」而遭到鎮壓，各地都有許多參加運動的人遭到逮捕並判刑。被指為幕後黑手的鄧小平也在四月七日再次失勢。

周恩來這個人

在此稍微介紹一下周恩來這個人。他將近二十七年來，一直都擔任總理的職務。他溫和的笑容、穩重的舉止，以及握手時足以撼動對方的熱情，讓他很受民衆歡迎。在今天的日本，他還是很受歡迎。

在文革時，雖然一部分的文物、黨幹部、民主人士，的確因爲他而免於遭到紅衛兵以及造反派的破壞，但是他窮盡一生守護的，卻是毛澤東的政權。

數十年來一直忠於毛澤東的他，自一九七五年起病情開始惡化，到他辭世前的一年中，醫生甚至發出過五次的病危通知。

「請您務必要去探望他。」但不管朱德、葉劍英怎麼乞求，毛澤東就是不肯點頭。他總是不客氣地說「我不是醫生」、「不要硬逼我」。

一九七五年十二月三日，周恩來即使遭受病魔所苦，還是用極其微弱的聲音對妻子鄧穎超提出深藏心裡的疑問。「還要鬥、鬥到何日何時方休呢？共產黨哲學是一部鬥爭哲學嗎？社會主義現代化建設是靠鬥爭能建成的嗎？」

周恩來

此時，經過毛澤東的授意，四人幫正要對周恩來這位

「現代大儒」展開最後的攻擊。一個月後，被無數人民寄予厚望的周恩來，抱著深沉的失落感走上了黃泉路。除了令人哀痛的歷史遺憾，我找不到別的詞彙表達我的心情了。

唐山大地震，毛澤東歸天

但不論鎮壓或逮捕，一切都只是垂死掙扎罷了。一九七六年七月六日，解放軍的創始人兼全國人民代表大會常務委員會委員長朱德，以九十歲之齡過世。七月二十八日，發生唐山大地震，總計造成二十四萬二千人死亡。在悲痛與沉重的氛圍之下，宿命論的流言正悄悄地在上海的巷弄中傳開。

「古代的天文書中，說大地震是『地龍歸天』的徵兆。」

「這個『地龍歸天』是什麼意思啊？」

「就是在巳年、也就是蛇年出生的大人物要與世長辭的意思。」

「咦，蛇年出生的大人物？是指誰啊？」

「就是……總之就看著吧。」

事實上，毛澤東就是在一八九三年、也就是癸巳年出生的。如今回頭來看，這真是充滿迷信的流言，不過說著這番話的人卻是無比認真。這是相信命運、風水、奇蹟、卜卦的中國人才會有的發想。

不過，事情眞如流言所傳的一樣，毛澤東在唐山大地震發生後的四十四天，也就是九月九日於北京去世，享年八十三歲。

從建國以來，毛澤東統治時間長達二十七年，但沒有一年沒有發生運動與鬥爭。在無窮無盡的鬥爭當中，包括寶貴的人命在內，中國到底失去多少珍貴的事物呢？

在今天的中國，政府對毛澤東的評價還是一直拘泥於「三分過、七分功」的說法。然而，如果不直接面對歷史的眞相，徹底追究過失的眞因，我們能夠慰藉犧牲者的亡魂，自己也能得到眞正的新生嗎？唯有改正毛澤東時代所產生的國家暴力與社會的虛僞，才是建立政府與人民之間眞正信賴的最好辦法，不是嗎？

逮捕四人幫，平反三百萬冤獄

一九七六年十月中旬的某個早晨，我從淮海路搭上無軌電車，前往位在徐家匯西邊的道路工程工地。通勤時間的公車十分擁擠，每個乘客臉都很臭。一切看起來都跟往常一樣，沒有改變。

但是，公車靠近華山路的交通大學時，眼前卻看見一個令人驚訝的景象。是一張寫

江青

張春橋

王洪文

姚文元

著「打倒某某某」的大海報。如果只是這樣，這十幾年來大家應該已經看到不想看了，但這一天卻和往常不同。上面寫的不是一個人的名字，而是用醒目的大字寫著「四人幫」。

看著海報，公車乘客的表情都起了變化。耳邊也傳來非常興奮的對話。

「喂，這四人幫說的是誰啊？」

「這還用說？不就那四個人嗎！」

「如果是的話，不是應該是這樣嗎？」

一位女性伸出手掌，張開五根指頭。雖然是第一次見到「四人幫」這個詞，但每個人都知道上面還有一個毛澤東。

因爲事實的眞相還沒公布，大家似乎還很忌諱大聲談論這件事，但言談之中，很明顯地語氣滿是喜悅。到了十月二十一日，新華社終於正式宣布：「四人幫已經遭到粉碎。」

自此半年之後，一九七七年五月，鄧小平重返政壇，十一月胡耀邦成爲中央組織部部長，並在其後的三年，致力於平反冤獄超過三百萬件。彭德懷、劉少奇過世數年後，終於得以洗刷汙名。

此外，我的祖母也被列入恢復名譽的名單當中。而且儘管只有一小部分，但是因爲「抄家」而失去的財產隨著名譽的恢復，也歸還給我們了。祖母總算恢復一點精神，重新回到上海工藝美術研究所教書。

八〇年代初期，祖母的作品在中日文化交流的慶典上展出，獲得日本不少好評。雖然能在活著的時候恢復名譽、獲得工作，算是幸運的了；但祖母是帶著文革時所受到的身心創傷，在一九八三年、快要七十歲時過世了。至今我還不知道我父親的下落。

十年浩劫

文化大革命的十年浩劫，就這樣落幕了。根據葉劍英在一九七八年十二月所做的中央工作會議報告，文革中非自然死亡的人數約二千萬人，被逼迫到社會最底層生活的人數約一億人；此外，因爲鬥爭造成的金錢損失，據說高達八千億人民幣。所謂的「浩劫」，指的就是這種空前的大災難。

自文革爆發以來，四十幾年的歲月流逝。我到日本也快要二十一年了。當我回到故鄉上海時，對上海的變化只有感到驚訝。市民生活的提升的確是一件值得高興的事，其中有著數十年的壓抑一口氣爆發出來的強度。此外，或許也包含了對那個悲慘時代的強力否定吧。

然而，一邊在各地旅行的我，還是不得不想——文革在人民的心中所留下的傷是絕對不會痊癒的。在殘酷的鬥爭中，深愛的祖國已經失去許多喚不回的歲月與重要的人才。當我想到這個殘酷的事實，正在動筆的我心中還是一緊，止不住的眼淚也奪眶而出。身爲一個渺小的人類，我和同一個年代中受到同樣傷害的人們一樣，寧願趕快忘掉這個惡夢。但是爲了後人、中國的將來、甚至人類的歷史，我一定不能忘記這段黑暗的歲月。

第十一章 改革尚未成功，同志仍需努力

八〇年代的中國出現這種說法：「自由派在偶數年崛起，保守派在奇數年反擊。」

四條路線，都想主導中國的未來

毛澤東死後，中國面臨了幾條分岔路。新華社前資深新聞記者楊繼繩曾在《中國改革年代的政治鬥爭》中這樣描述當時的狀況：「四股政治力量企圖按自己的意願選擇中國未來的道路。」簡略地說，內容如下：

一、政治和經濟都維持毛澤東時代的原樣。代表人物爲華國鋒。

二、政治上維持毛澤東時代的原樣，經濟上則回歸到「大躍進」之前。代表人物爲陳雲。

三、政治上維持毛澤東時代的原樣，經濟上則要從計畫經濟移轉至市場經濟。代表

人物為鄧小平。

四、徹底的政經改革：政治上實施民主化、經濟上實行市場經濟。代表族群為民間知識分子以及對政治較敏感的大學生。

在「勢力一」中，代表人物是掌握實權的華國鋒。華國鋒提倡「兩個凡是」，打算繼續走毛澤東的路線。從其實力以及在黨內僅有的威信來看，要保住自己的地位，除了搬出已故的毛澤東，就沒有別的路可走了。「兩個凡是」是指：「凡是毛主席做出的決策，我們都堅決維護；凡是毛主席的指示，我們都始終不渝地遵循。」

突然爬上最高位的華國鋒完全忘了自己是誰，一心想要模仿毛澤東，建立眾人對自己的個人崇拜。他以「偉大領袖毛主席」這個稱號為範本，要求人民稱呼自己是「英明領袖」。然而，華國鋒的統治雖然以毛澤東的影響力為後盾，卻不受人民歡迎，很快便宣告終結；他本人也在一九八一年辭去國務院總理、中共中央委員會主席、中央軍事委員會主席等職。

在「勢力二」中，代表人物則是共黨大老陳雲，自從在共產黨第十一屆三中全會提出「改革開放」以來，就以這個論點為中心與鄧小平對抗。陳雲是知名的經濟專家，提倡在計畫經濟的大前提下，允許少數市場經濟進行，作為經濟上的潤滑劑。

而「勢力三」的代表人物，則是自一九七七年起重新擔任副主席的鄧小平。在政治方面，他與陳雲同樣堅持社會主義制度；但在經濟上，鄧小平完全了解由國家控制、經營的計畫經濟，其弊端何在。

以農村中的糧食生產量爲例，一九五六年的人均糧食產量明明達到三百零六公斤，但是進入一九六〇年就縮減爲二百一十六公斤。接著，過了十八年後，也就是一九七八年，產量終於來到了三百一十七公斤。但是跟二十二年前相比，產量僅僅增加了十一公斤。因此，一般認爲自從計畫經濟實施以來，中國農民就沒有過過一天溫飽的日子。

住宅情況是都市生活的象徵，但文革結束的時候，一家三代擠在一間數十平方公尺的小房間裡，不管吃飯、排泄、起居或小孩讀書，全都擠在一個空間，這種狀況在當時十分常見。因此鄧小平放棄了妨礙生產力發展的計畫經濟，改以促進競爭、可以增加勞動意願的市場經濟。

而「勢力四」與其說是勢力，不如說他們是代表社會的聲音，主要成員是大學教師。

鄧小平

就結果來看，勢力一在進入一九八〇年代之後沒多久，就開始轉弱；而勢力四並未形成一個集團，因此在中國的政治舞台上，擔任主角的還是陳雲和鄧小平。一定要說的話，勢力一雖然消失，但對陳雲的政策是寄予同情的；而勢力四則是企圖從鄧小平的理念中找到足夠的空間來發揮。

照理說，勢力三和四應該能成爲改革開放的同盟軍；但遺憾的是，文革留下來的各種後遺症讓他們分道揚鑣，最後甚至演變爲撼動世界的流血衝突「六四天安門事件」。我們就來看看在改革開放這個大舞台上，上演的激烈衝突及往後的發展吧。

改革派的鄧小平 P.K. 保守派的陳雲

如果用毛澤東的話來說，到林彪事件爲止，中國共產黨黨史上的「路線鬥爭」竟有十次之多，敗退的一方則被貼上「右傾」或「左傾」的標籤。「路線鬥爭」這種說法在一九八〇年已經被鄧小平廢除了，但在改革開放的舞台上彼此敵視的兩個勢力，還是沿襲過去的習慣，互相貼上右派、左派的標籤。

其中改革派主張市場經濟，向自由主義傾斜，又被稱爲「右派」；保守派主張計畫經濟，比較貼近毛澤東的路線，又被稱爲「左派」。總之，最後還是得出改革派就是右派、保守派就是左派的奇怪結論。不過「右派」、「左派」的稱呼容易和過去的政治鬥爭混淆，因此我們就以改革派和保守派的名稱來稱呼他們。

且說，改革派的代表鄧小平和保守派代表陳雲，各自率領著堅強的團隊。鄧小平的團隊裡有胡耀邦、趙紫陽、萬里、胡啓立、習仲勳、周揚等人；陳雲的團隊也有李先念、姚依林、王震、余秋里、胡喬木、鄧力群等人。不論經歷或黨內的威望，每一位都是不可小覷的人物。

雖然分成左右兩派，但在兩派勢力之間，還是存在政治上的共同認知，而且經過雙方的確認。這個認知一般稱爲「一個中心、兩個基本點」。「一個中心」是以經濟建設爲中心；「兩個基本點」是堅持（一）改革開放；以及（二）四項基本原則。

「四項基本原則」（四個堅持）是鄧小平在一九七九年的「中共理論工作務需會」上提出，後來被納入《中華人民共和國憲法》。內容如下：

一、必須堅持社會主義路線。

二、必須堅持無產階級專政。

三、必須堅持共產黨的領導。

四、必須堅持馬列主義、毛澤東思想。

陳雲

總之，不管是改革派還是保守派，對兩派勢力來說，維持目前的政治體制是不變的原則。此外，文革之後鄧小平能夠重返政壇，陳雲其實出力不少，因此儘管鄧、陳兩位大老都說彼此「話不投機」，會面時表情也不是很愉快，但彼此的關係卻是切也切不斷的。只要出現超越上述原則的問題，他們就會毫不猶豫地攜手合作。

趙紫陽

會抓老鼠，就是好貓

兩派在政治的認知上雖然歸納出共同的基本原則，但是在對外政策，也就是最重要的「開放」上，雙方卻存在著很大的差異。

大家都知道鄧小平的「貓論」吧？「不管黑貓白貓，會抓老鼠就是好貓。」聽起來有點俏皮，不過卻非常務實，也獲得人民的支持。結果就如同貓論企圖向世界證明的，鄧小平逐漸引進對經濟發展有益的外資與先進的科技。另一方面，陳雲則列舉改革開放初期所產生的種種混亂，以全面開放可能會招致資本主義的入侵為由，提出鳥籠經濟理論，主張有限制的改革開放。

長期苦戰的結果，鄧小平一派略勝一籌。儘管如此，鄧小平為了安撫保守派，還是接納了趙紫陽的「在經濟面反左，在政治面反右」。追根究柢，趙紫陽的主張就是堅持

「四項基本原則」，然後盡情地執行對外開放。

一九八〇年，「鄧胡趙體制」（指鄧小平、胡耀邦、趙紫陽三人）確立。胡耀邦與趙紫陽分別在第一線擔任黨的總書記與國務院總理，第二線則是由鄧小平以中共中央軍事委員會主席的身分，除了掌握軍事實權，也握有最高的決定權。

由鄧小平掌握最高決定權，的確能抑制保守派的行動、拉攏黨內的中間勢力；但反過來說，此舉也讓胡、趙的立場更為弱化，在即將到來的鬥爭中遭受攻擊，結果相繼落馬。

氣死胡耀邦

打從一九七七年起，胡耀邦便歷任中共中央黨校（共產黨培養幹部的學校）副校長、中共中央組織部部長、中共中央宣傳部部長，自一九八二年起更獲選為中共中央總書記。

他導正了文革以來的紛亂局面，用理論破除華國鋒的「兩個凡是」，對鄧小平的改革開放之路帶來很大的貢獻。他甚至替超過三百萬件以上的冤獄當事人恢復名譽，也嚴正地對抗政府內部的腐敗以及「官倒」的現象。

「官倒」是指文革以後企圖利用官場關係輕鬆賺大錢的貪汙、腐敗行爲。此外，他也支持振興教育事業、傾聽知識分子的聲音，積極和年輕人對話。這樣的行爲當然會受到人民愛戴。然而，他因爲眞心憂慮國家的處境，將自己心裡的話全盤托出，結果在當時的體制之下，反而成爲攻擊目標。

胡耀邦

自從改革開放、引進外資以及先進技術以來，陳雲一直擔心的「資本主義入侵」終於發生。他的「鳥籠」已經關不住人民對民主政治的憧憬。同時，人民對官場蔓延的腐敗和對「官倒」的憤怒，也終於達到了臨界點，學生運動在安徽、上海、北京等地，以驚人的速度與規模蔓延開來。

學生提出的口號，直指「四項基本原則」的弊端和政治改革的停滯不前，使得再怎麼進行政治改革也無法實現學生願望的鄧小平成爲衆矢之的。整個事態不但超出保守派的限度，也超出鄧小平可以容忍的範圍，於是鄧小平便和陳雲聯手，打出「反對精神汙染」、「反對資產階級自由化」等口號來反擊。

一九八六年年底，保守派大將王震在對中央黨校發言時，激動得幾乎把麥克風的線扯斷。他大發雷霆地說：「大學生若有三百萬名，我們的解放軍也有三百萬名，敲破學生的腦袋，讓他們知道我是誰！」王震的腦袋顯然還停留在戰爭的年代。

而胡耀邦儘管一直努力與學生溝通意見，卻被怒火中燒的黨內大老當作祭品獻祭，理由是放任「資產階級自由化」，扭曲黨的原則。

一九八七年的元旦之夜，陳雲、彭眞、王震等大老在鄧小平的宅邸集會。鄧小平說：「資產階級自由化之所以氾濫至此的原因，明顯是胡耀邦的姑息、放任。透過最近的觀察，我覺得胡耀邦已經不適合擔任黨的總書記了。趁我們這些老人還活著，必須把黨的前途託付給最能信賴的人。」爲了堅守黨的絕對威信，他甚至違反自己的意願，決定拋棄愛徒。

因此，幾位大老無視國家憲法，就決定了共產黨總書記的命運。之後發生的事，我實在不忍心說。從一月十日至十五日，中南海召開「中共中央一級黨的生活會議」。在連續六天的斥責下，即便不想，胡耀邦還是批判了自己的行爲，爲了保護理念相同的同志和部下，一個人承擔了所有的罪狀。

休息時，他獨自一人坐在走廊的長凳上，眼淚止不住地落下。平時交好、見面時稱讚之語不絕的人，現在有如換了一張面孔；過去因爲胡耀邦的奔走才得以平反冤獄的人，在這幾個小時裡，也在他頭上冠上了莫須有的罪狀，這都是反右派鬥爭以及文革以來所「養成」的習慣。

雖然除了參與過長征，胡耀邦也經歷過建國以來的各種鬥爭，文革時還曾受到迫害，但是這種種無情又不合理的現實，還是深深刺傷了他，最後終於導致心臟病發。且說會議結束翌日，在強大的壓力之下，他辭去了總書記的職務。時光無情地流逝。一九八九年四月八日，胡耀邦在政治局擴大會議中因為心肌梗塞送醫；一個禮拜後（四月十五日）與世長辭，享年七十三歲。

胡耀邦的早逝，是改革開放過程中最大的損失。

為什麼會發生六四天安門事件

圍繞著改革開放打轉的激烈鬥爭，並沒有因為胡耀邦的逝世而平息。北京的大學出現許多追悼他的詩文，沉寂了一段時間的學生運動又再度白熱化。官僚腐敗的氾濫、政治改革的停滯、過世的胡耀邦在政治上的失勢，終於化為一股追求民主的浪潮，共有兩百萬名群眾捲入其中。

另一方面，鄧小平也不是完全沒察覺到目前政權的危機。他過去一直嘗試透過改革解決這些問題。一九八六年秋天，他曾經對日本政治家竹入義勝表達他對政治改革的決心：「我們一開始推動改革的時候，也一直把政治體制的改革納入考量。如今隨著經濟改革的腳步，也一直深切感受到政治改革的必要性。」

然而，鄧小平改革開放的天平左右兩邊，分別掛著「四項基本原則」和「資產階級自由化」。只要大力推動改革，要求民主自由的聲浪就會自然崛起；而只要民主自由的聲浪一崛起，保守派一定會出手反擊，把改革開放視爲「精神汙染」而嚴厲譴責，而離中國現代化的目標愈來愈遠。一九八〇年代的中國，正是在這種狀況下不斷左右搖擺，甚至還出現一種說法：「在偶數年自由派崛起，在奇數年保守派出手反擊。」

光陰就這樣在不斷的左右搖擺中溜走。鄧小平不管是「四項基本原則」或是改革開放都無法放棄，因此有很長一段時間必須耗盡心思保持天平兩端的平衡，但是天平的兩端從一開始就無法相容，因此只要一失衡，就會引發流血事件。

一九八九年四月二十六日，《人民日報》在社論中把胡耀邦死後出現的學生運動定義爲「動亂」，並且說：「這是一場有計畫的陰謀，是一次動亂，其本質是要從根本上否定中國共產黨的領導，否定社會主義制度。這是擺在全黨和全國各族人民面前的一場嚴重的政治鬥爭。」

但這篇社論就如同火上加油一樣，刺激學生族群。

「撤回四月二十六日的社論！」

「請願活動不是動亂！」

「《人民日報》不要滿口謊言！」

北京城因爲這些標語而陷入不安。

趙紫陽此時正好剛訪問北韓歸來，爲了緩和衝突的情勢，他還認眞地考慮要撤回社論，也試著向黨內大老進行遊說，卻得不到任何成果。之所以會如此，是因爲部分的政府要員爲了激化彼此的矛盾，拿了很多刺激性、爭議性的資料給鄧小平；此外，他們還陸續發表了一些談話，煽動學生的憤怒情緒。而另一方面，學生中的激進派也不希望運動逐漸沉寂下來，而不計後果地掀起群衆的反抗心理。因此在雙方之間，已經容不下一絲和解的空隙了。

五月中旬，開始了規模多達數千人的絕食活動；就在群衆和警察之間的敵對關係逐漸白熱化之際，學生的抗議標語終於變成「打垮鄧小平！」、「共和國不需要慈禧！」所謂的慈禧，是在諷刺鄧小平雖然退出第一線，卻還把持著實權。

了解狀況之後，文革時被紅衛兵吊起來的惡夢又在鄧小平的腦中甦醒了。「又要打垮我？只靠打垮我就可以成就改革開放嗎？」被激怒的鄧小平焦躁不安，在得到陳雲和國務院總理李鵬的支持後，於五月十九日發布戒嚴令。他終於打算拿出最後的手段。

讓鄧小平下定決心對學生進行武力鎭壓的理由，我認爲還有一個。對他而言，他已經沒有多少時間和年輕人一起行動了。就在學生運動起了又歇、歇了又起的同時，寶貴的時光就這麼蹉跎了。再這樣下去，不但無法守住改革開放的成果，之後的計畫也不可

事發之後，士兵清理天安門廣場

能實現了。趙紫陽跟學生對話完全無效，現在也只能訴諸強硬的手段，一口氣鎮壓下去……。

六月三日夜晚，戒嚴部隊進入北京。之後便發生了撼動世界、讓我們的心裡感到深沉哀痛的流血事件——六四天安門事件。

根據中共官方發布的資料，這起事件的犧牲者約有兩百多名，但詳細狀況至今依舊尚未公開。很遺憾的，中國政治的民主化以及精神文明的建設，因爲這次的事件大幅倒退。實際上，自胡耀邦失勢以來，不光在經濟領域，連宣傳部、組織部，甚至公安部等重要部門，如今都幾乎掌握在保守派手裡。

就我個人的意見而言，身爲改革派代表的鄧小平，無法和急於改革進展的學生懇談，是造成這次流血事件的主因。而希望事態演變得更激烈的部分人士撒下的火藥，讓雙方對話的可能性更難以實現。

學生對反貪腐與政治改革的熱情，理當給予高度評價；但他們無法洞察改革開放中雙方勢力的鬥爭，也無法給予胡耀邦足夠的支持，這一點實在非常可惜。此外，他們提出「打垮鄧小平」的口號也有本末倒置的傾向，如果鄧小平眞的被打垮了，天下就會被保守派整碗捧去了。

握著兵權的「南巡講話」

在天安門事件淚水、鮮血、憤怒的漩渦中，下令鎭壓學生運動的鄧小平也受傷不淺。他重返政壇時，明明受到人民的愛戴與支持，現在落到這般田地，到底是爲什麼？過去劉少奇曾說「歷史上人相食，是要上書的」，他當主席時出了這種事，又會被後代怎樣評價？再這樣下去，一切努力都會化成泡影，一定得想想辦法。年屆八十五歲高齡的鄧小平，用掉人生最後一點精力，打定主意要抹去這個汙點。

六四之後，保守派加強對改革開放的攻勢；在這種情勢之下，鄧小平在一九八九年十一月，把中央軍事委員會主席之位，讓給新任總書記江澤民。事實上，在流血事件爆發之前，時任上海市黨委書記兼市長的江澤民正奉密令前往北京。

在六月下旬召開的共產黨第十三屆四中全會中，江澤民以趙紫陽接班人的身分，被任命爲中共中央委員會總書記。趙紫陽被趕下台的主因是同情學生運動以及反對武力鎮壓。此後經過十五年的軟禁，於二〇〇五年以八十五歲之齡辭世。

再說到江澤民，雖然他獲得急速拔擢是因爲保守派主要人士李先念的舉薦，但除了晉升他，竟然還讓出軍事委員會主席的位子；不用說，此舉也意味著鄧小平對保守派的妥協。但是，這項妥協絕對不代表放棄。這只是他爲了前進而採取的退讓。

鄧小平一邊安撫保守派，一邊把軍事委員會副主席之位，給了老戰友國家主席楊尚昆，並將楊尚昆的弟弟楊白冰，任命爲中共中央書記處書記以及中央軍委祕書長。

另一方面，江澤民雖然擔任中央軍事委員會主席，但在軍中沒有人脈，所以除了乖乖聽楊氏兄弟的話，也無計可施。換言之，就算鄧小平釋出中央軍事委員會主席的位子，卻也增加了自己的人望與威信，同時還能透過楊氏兄弟徹底控制軍隊。

江澤民

這樣的安排可說是萬無一失，鄧小平於是出發前往南方。他視察武漢、廣州、深圳、珠海、上海等地，在各地發表重要談話。一般稱這個時期的談話爲「南巡講話」，至今對中國的政策還是有著很大的影響力。談話的核心內容如下：

一、應該更大膽地踏上改革開放的道路。

二、不管是計畫經濟或市場經濟，都只是經濟上的手段，並非關乎社會主義與資本主義本質的問題。

三、社會主義的本質是開放、發展生產力、徹底掃除階級剝削與階級對立，最終達到均富的目標。

鄧小平再次提出經濟建設的重要性，並對改革開放依舊抱持懷疑態度的黨內勢力進行嚴格批判。他雖然強調「四項基本原則」，卻還是釋放出一項重要信息：「右傾的思想應該加以警戒，但左傾的思潮卻更加危險。」

鄧小平的南巡並不是一點危機都沒有，但楊尙昆如影隨形地跟著鄧小平，而且舉世最有力的兩位老人合影照片，也接二連三地透過媒體傳送至國外。北京還有楊白冰坐鎭，他也見機向解放軍傳達以下信念：「中國人民解放軍應該成爲改革開放的盾牌。」他身爲軍事委員會的祕書長，又實際握有兵權，其發言帶著一股足以讓改革開放的反對派感到震嚇的力量。

再說，因爲「南巡講話」的衝擊力道，以及國內對改革開放的強烈意志，使得身在北京的江澤民，也不得不認眞思考自己以及國家的方向。結果，他全盤接受了鄧小平的思想，並宣告將「改革開放與加速經濟發展」。

一九九二年二月，中共中央整理出「南巡講話」的要點，分發給全黨同仁。甚至在十二月召開的共產黨第十四次全國代表大會上，將其定調爲「具有中國特色的社會主義理論」，納入新黨規中。實際上，從保守派的領導者陳雲開始，黨內各勢力也以此爲契機，不得不放棄對市場經濟的挑戰。

南巡的結果，簡單整理爲以下幾點：

一、「貓論」對「鳥籠經濟」的勝利。

二、在經濟面上，市場經濟的實踐大幅邁進。

三、在政治面上，進一步強化「四項基本原則」，政治民主化倒退。

一九九七年二月十九日，鄧小平結束充滿波瀾的一生，靜靜與世長辭了，享年九十三歲。根據他的遺囑，遺體將捐出來作爲解剖學研究之用，骨灰最後由親屬撒在中國領海上。身爲務實派的鄧小平，這些行動的確很像他的作風。其後，鄧小平提倡的社會主義市場經濟以及「四項基本原則」，至今依舊被視爲「鄧小平理論」並成爲中國共產黨的指導思想。

其後的江澤民、朱鎔基，以及現在的胡錦濤、溫家寶，雖然多少都修正了一些「鄧小平理論」，但大體上沒有超出其範圍。

胡錦濤

要評價鄧小平是非常困難的。首先，從六四天安門事件來看，以武力鎮壓學生的決定，的確讓他在歷史上留下了無法抹滅的汙點；但其後開展的經濟改革，對中國今日的高度發展帶來很大的貢獻。

不過，從另一方面來看，他拖延政治改革的進度，卻給今天的中國留下許多難題。即便如此，鄧小平還是把中國從文化大革命這個空前的浩劫中拯救出來，就這點來說，他的功績是十分顯著的。雖然這只是筆者的個人見解，不過要是沒有鄧小平，中國至今還會受到「兩個凡是」與個人崇拜的專制政權所苦，不是嗎？

另外，本章受到楊繼繩先生的《中國改革年代的政治鬥爭》以及張黎群先生的《胡耀邦傳》啓發良多，在此表達由衷的謝意。

那麼，中國此後將往何處前進呢？社會落差、自然環境、少數民族、政治民主化等種種問題又該如何解決呢？關於這些議題，已經不是光靠本書就可以討論出結果的了。如果一定要用一句話來形容，我認爲只要「反右派鬥爭」和「文化大革命」所造成的社會心理扭曲沒有導正，那麼無論進行什麼改革，都可能在左右之間搖擺不定而遭受挫敗，最終付出慘痛的代價。

中國爲何至今不敢批判文革？

回到更早之前，最高人民法院特別法庭，在一九八〇年十一月對「林彪、四人幫反革命集團」進行審判，作爲對文革這個十年浩劫的清算行動。結果雖然追究了林彪、江青等人的罪行，卻沒有進一步徹底追究文革的眞正原因。

除了華國鋒，中國共產黨的指導機關明明幾乎都在毛澤東發動的文革中遭到迫害，但就是無法下定決心對毛澤東進行批判，這到底是爲什麼呢？原因雖然很複雜，但追根究柢，指導機關憂心的是——批評毛澤東與否定共產黨歷史，兩者是有關連的，如果否定了共產黨的歷史，目前政權的正當性會不會遭到質疑呢？

然而，讓林彪、江青背負所有的文革罪過，顯然和歷史眞相有所違背，因此此舉反而有損共產黨的公正性。改革開放雖然帶來了經濟上的繁榮，但也創造出混亂和不公。

事件彷彿不斷重演。但人類會依循自己的良心行事；活生生的歷史也應該擁有自己的良心。

如今我們應該遵循人類和歷史的良心，探求帶給國家萬民深沉痛苦和傷害的眞正原因。這是爲了端正已被扭曲的社會心理，讓邁向世界的中國在政治上更加透明，這也是中國要民主化，必須踏出的重要的一步。如此一來，中國歷史才能出現首次的民主政治，中國才能永續發展，獲得眞正的安定。

舉世聞名的小說家兼全國政協副主席巴金，生前一直希望設立「文化大革命博物館」。在此筆者就引用他的一段話作爲本章的結語：「絕不讓我們國家再發生一次文革，因爲第二次的災難，就會使我們民族徹底毀滅。」

文革中的憤青，遠走東瀛

且說，一九七三年正是文革還在如火如荼上演的時刻。當時我高中畢業，升學之路卻受到阻礙。在祖國的命令下，我開始從事道路工程的工作。

在重度勞動和無人理解的世界中，年輕的心愈來愈憤恨不平。爲了消解這股情緒，我拿起祖母買給我的舊吉他。本來我彈奏的是古典樂，但不知不覺中換成更激烈的音樂，然後自然地唱起歌來。在工地揮汗工作的我，不知不覺成了一個地下歌手。

所謂的「地下」，現在聽起來似乎頗爲輕鬆，但當時絕非如此。吉他在當時被嚴格查禁，被視爲充滿中產階級氣味，是會讓革命鬥志麻痺的壞東西。也因爲在當時的環境下，如果被警察和四人幫創造的民兵組織「文攻武衛」逮捕的話，除了會被當作沙包痛打一頓，還會被關進牢房。儘管如此，我還是沒辦法不彈吉他、沒辦法不唱歌。因爲從吉他和歌聲之中，我找到生存下去最需要的自由。

廢棄的工廠、漏水的防空洞　陌生人的狹窄屋子，不管什麼地方，我都當作自己的舞台盡情地唱。「文攻武衛」甚至曾經闖入我演唱的現場，不過我很幸運從二樓跳下去順利逃脫。不知不覺中，能夠理解我的音樂的人，也開始增加了。

一九七六年，毛澤東過世，四人幫也遭到逮捕。在改革開放的風氣開始興盛的一九八〇年，地下歌手終於可以站在陽光下，以廣闊的中國爲舞台，四處遊歷唱歌了。

不過，此後的道路絕對稱不上平坦。一九八〇年代，改革開放持續搖擺不定。改革派占優勢的那幾年，我被譽爲「吟遊詩人」，被介紹爲「優秀青年」。連胡耀邦招待三千名來到中國的日本人時，我也帶著吉他參加了歡迎儀式。我欣喜於時代的進步，打從心底感謝鄧小平、胡耀邦，並一心祈求改革開放能夠順利進行。

不過，保守派一發動攻勢，氣氛馬上說變就變。不再從事道路工程，以自由歌手的身分四處走唱的我，最終被批爲「精神汙染」以及「自由化」。緊接著，到了一九八七年胡耀邦下台後，時代的氣氛回到文革時期，整個社會籠罩在一股令人喘不過氣的氛圍之中。

那時候，有許多詩人、作家不想再次受到政治操弄而離開中國。在友人紛紛前往歐洲和美國的時候，我正好在「六四天安門事件」發生的一年前來到日本。之所以選擇日本，應該是受到祖母的影響吧。祖母在年輕時曾經向一位日本老師學習民俗手工藝，因此對日本文化中蘊含的神祕感與美感，抱持著很大的興趣。

當祖母受到文革波及，被監禁在牢裡時，還對前去探監的我喃喃地說：「日本眞是個厲害的國家啊。很少有哪個民族會像日本一樣，擁有那麼纖細的美感。」不過卻又像是猛然想起什麼似的嘆氣道：「沒有一個國家的人會像日本人，對中國人做那麼過分的事。」

我覺得祖母是不是因爲殘酷的鬥爭，最後終於發瘋了。不過仔細一聽，才知道祖母在戰爭中曾經遭遇過日本軍隊轟炸上海，以及鄉下親戚的小孩被殺害等慘況。在漆黑的監獄中聽到這席話，在我年幼的心中烙下十分鮮明的印象。不知什麼時候開始的，我覺得我一定要親眼見識一下日本。我壓根沒想過，就是這股想親眼一見的心情，讓我在日本一待就是二十個年頭。

此後，我從頭開始學習日語，也在一九九〇年（三十五歲）進入心中嚮往的大學；雖然當時留學生多半選擇經濟學和管理學，我卻選擇主修日本文學。其後，我一邊開展音樂方面的活動，一邊在大學和文化中心教授中國史與中國詩歌，一直到今天。

不過，即使身在日本，故人的一顰一笑還是在我的心裡不斷低迴。在無數個悸動不已、沉溺回憶的夜裡，我夢見自己在故國的天空中展翅高飛，衷心期盼受傷的中國能夠痊癒，再次充滿和平、自由、繁榮與榮耀。

在本書的最後，我一定要說的是：從黑暗的文化大革命生存下來的經驗，讓我發現一個單純卻又深奧的人生哲理——不管夜有多長多黑暗，破曉都一定會再度造訪。

中國近代史大事紀

一八四〇年　鴉片戰爭爆發（**第一章**）
一八四二年　簽訂《南京條約》
一八五一年（至一八六四年）太平天國之亂（**第二章**）
一八五六年　亞羅號事件（**第三章**）
一八六〇年　簽訂《北京條約》
一八六一年（至一九〇八年）慈禧掌權
一八七四年　日本出兵台灣《台事北京專約》
一八九四年（至一八九五年）日清戰爭（**第四章**）
一八九八年　維新變法因戊戌政變而告終
一九〇〇年（至一九〇一年）義和團之亂
一九〇四年（至一九〇五年）日俄戰爭
一九一一年　辛亥革命、清朝滅亡（**第五章**）
一九一五年　日本對中國提出《二十一條》（**第六章**）

一九一九年　五四運動
一九二一年　中國共產黨誕生
一九二六年　蔣介石北伐
一九二七年　毛澤東在江西省井岡山成立革命根據地
一九二八年　張作霖被炸身亡、國民政府北伐完成，南北統一。
一九三〇年　（至一九三二年）國民黨進行第一至第四次共產黨大圍剿
一九三一年　九一八事變（**第七章**）
一九三二年　上海一二八事變，滿州國發表建國宣言
一九三三年　國民黨發動第五次大圍剿，共產黨慘敗
一九三四年　（至一九三六年）中國共產黨開始萬里長征
一九三六年　西安事變
一九三七年　盧溝橋事變、淞滬會戰，中日戰爭爆發（至一九四五年）
一九四五年　日本投降
一九四六年　國共內戰開始（**第八章**）
一九四八年　第一屆國民大會第一次會議，蔣介石當選總統
一九四九年　中華人民共和國成立，蔣介石退守台灣（**第九章**）

一九五〇年　韓戰爆發
一九五一年　三反五反運動、批判《武訓傳》
一九五四年　第七次路線鬥爭。高崗自殺
一九五七年　反右派鬥爭
一九五八年　三面紅旗
一九五九年　第八次路線鬥爭、彭德懷失勢、反右傾運動
一九六三年　四清運動
一九六六年　文化大革命、紅衛兵誕生、劉少奇失勢（**第十章**）
一九六八年　知青下鄉
一九七〇年　中國共產黨第九屆二中全會、批判林彪
一九七一年　林彪墜機身亡
一九七二年　中日關係破冰
一九七三年　鄧小平重返政壇
一九七六年　周恩來、毛澤東去世，四人幫被逮捕
一九八〇年　鄧胡趙體制確立（**第十一章**）
一九八七年　胡耀邦失勢

一九八九年 六四天安門事件
一九九二年 南巡講話，中國朝改革開放路線邁進
一九九三年 江澤民獲選爲國家主席、三峽大壩開工
一九九七年 鄧小平去世、香港回歸
一九九八年 江（澤民）朱（鎔基）體制確立、長江流域大水患
一九九九年 澳門回歸
二〇〇〇年 西部大開發
二〇〇一年 江澤民提出「三個代表」、中國加入ＷＴＯ
二〇〇三年 胡（錦濤）溫（家寶）體制確立、ＳＡＲＳ疫情爆發
二〇〇六年 胡錦濤提出「八榮八恥」
二〇〇八年 雪災、西藏動亂、四川大地震、北京奧運
前上海市長陳良宇收賄，判處有期徒刑十八年
二〇〇九年 建國六十週年，新疆發生烏魯木齊七五事件
二〇一〇年 劉曉波獲頒諾貝爾和平獎
二〇一一年 中華民國建國百年，辛亥革命（武昌起義）百年紀念日

國家圖書館出版品預行編目資料

台灣不教的中國近代史/ 莊魯迅著 ; 劉宗德譯. -- 初版. -- 臺北市 : 大是文化, 2011.10

面 ; 公分. -- (Biz ; 67)

譯自 : 一冊でつかめる!中国近現代史

ISBN 978-986-6037-01-6(平裝)

1.現代史 2.清史 3.中華民國史

628 100014731

Biz 067 台灣不教的中國近代史

作　　者　莊魯迅（ソウ・ロジン）
譯　　者　劉宗德
審　　閱　周志宇
美術編輯　張皓婷
副總編輯　顏惠君
總 編 輯　吳依瑋
發 行 人　徐仲秋
會　　計　許鳳雪、陳嫤娟
版權經理　郝麗珍
行銷企畫　徐千晴、周以婷
業務助理　王德渝
業務專員　馬絮盈、留婉茹
業務經理　林裕安
總 經 理　陳絜吾

出 版 者　大是文化有限公司
台北市衡陽路7號8樓
編輯部電話：（02）23757911
購書相關資訊請洽：（02）23757911 分機122
24小時讀者服務傳眞：（02）23756999
讀者服務E-mail: haom@ms28.hinet.net
郵政劃撥帳號 19983366 戶名/ 大是文化有限公司

法律顧問　永然聯合法律事務所
香港發行　豐達出版發行有限公司
Rich Publishing & Distribution Ltd
香港柴灣永泰道70號柴灣工業城第2期1805室.
Unit 1805, Ph.2, Chai Wan Ind City, 70 Wing Tai Rd, Chai Wan, Hong Kong
Tel: 2172 6513　Fax: 2172 4355　e-mail: cary@subseasy.com.hk

封面設計　李慈惠
內頁排版設計　果實文化設計
印　　刷　鴻霖印刷傳媒股份有限公司

2011年9月27日 初版一刷　Printed in Taiwan

定價 新台幣300元　（缺頁或破損的書，請寄回更換）
ISBN 978-986-6037-01-6
《ISSATSU DE TSUKAMERU! CHUUGOKU KINGENDAISHI
JINMIN TO KENRYOKU TO FUHAI NO 170NEN GEKIDOU NO KIROKU》